Normas gerais
de direito
tributário

volume 1

Central de Qualidade — FGV Management
ouvidoria@fgv.br

SÉRIE DIREITO TRIBUTÁRIO

Normas gerais de direito tributário

volume 1

Joaquim Falcão
Sérgio Guerra
Rafael Almeida

Organizadores

Copyright © 2016 Joaquim Falcão; Sérgio Guerra; Rafael Almeida

Direitos desta edição reservados à
EDITORA FGV
Rua Jornalista Orlando Dantas, 37
22231-010 | Rio de Janeiro, RJ | Brasil
Tels.: 0800-021-7777 | 21-3799-4427
Fax: 21-3799-4430
editora@fgv.br | pedidoseditora@fgv.br
www.fgv.br/editora

Impresso no Brasil / *Printed in Brazil*

Todos os direitos reservados. A reprodução não autorizada desta publicação, no todo
ou em parte, constitui violação do copyright (Lei nº 9.610/98).

Os conceitos emitidos neste livro são de inteira responsabilidade dos autores.

1ª edição — 2016

Preparação de originais: Sandra Frank
Editoração eletrônica: FA Studio
Revisão: Aleidis de Beltran | Paulo Guilbaud
Capa: aspecto:design

Ficha catalográfica elaborada pela
Biblioteca Mario Henrique Simonsen/FGV

Normas gerais de direito tributário, v. 1 / Organizadores: Joaquim
    Falcão, Sérgio Guerra, Rafael Almeida. — Rio de Janeiro : FGV
    Editora, 2016.
    260 p. — (Direito tributário (FGV Management))

    Publicações FGV Management.
    Inclui bibliografia.
    ISBN: 978-85-225-1716-9

    1. Direito tributário. I. Falcão, Joaquim, 1943- . II. Guerra, Sérgio,
1964- . III. Almeida, Rafael. IV. Fundação Getulio Vargas. V. FGV
Management. VI. Série.

CDD — 341.39

Nossa missão é construir uma Escola de Direito referência no Brasil em carreiras públicas e direito empresarial, formando lideranças para pensar o Brasil no longo prazo e ser referência no ensino e na pesquisa jurídica para auxiliar o desenvolvimento e o avanço do país.

FGV DIREITO RIO

Sumário

Apresentação   11

Introdução   13

1 | **Normas tributárias: fontes**   15

Roteiro de estudo   15
  Introdução   15
  Fontes   17

Questões de automonitoramento   31

2 | **Vigência e aplicação**   35

Roteiro de estudo   35
  Vigência da norma tributária   35
  Aplicação da norma tributária   49

Questões de automonitoramento   58

3 | **Interpretação e integração**   61

Roteiro de estudo   61

Introdução   61
Métodos ou critérios de interpretação   65
Resultados da interpretação   82
Integração do direito tributário   85

Questões de automonitoramento   100

4 | Obrigação tributária   101

Roteiro de estudo   101
   Conceito de obrigação (aspectos civis e
      tributários)   101
   Obrigação principal e obrigação acessória   105
   Fato gerador e seus aspectos   109

Questões de automonitoramento   121

5 | Responsabilidade tributária   123

Roteiro de estudo   123
   Responsabilidade tributária   123

Questões de automonitoramento   151

6 | Lançamento   153

Roteiro de estudo   153
   Crédito tributário   153
   Lançamento: aspectos gerais   161
   Lançamento: espécies   196

Questões de automonitoramento   233

7 | Sugestões de casos geradores   235

Normas tributárias: fontes (cap. 1)   235

Vigência e aplicação (cap. 2)   235

Interpretação e integração (cap. 3)   236

Obrigação tributária (cap. 4) 236

Responsabilidade tributária (cap. 5) 237

Lançamento (cap. 6) 238

Conclusão 241

Referências 243

Organizadores 249

Colaboradores 251

Apresentação

Aliada à credibilidade de mais de meio século de excelência no ensino de economia, administração e de outras disciplinas ligadas à atuação pública e privada, a Escola de Direito do Rio de Janeiro da Fundação Getulio Vargas – FGV DIREITO RIO – iniciou suas atividades em julho de 2002. A criação dessa nova escola é uma estratégia da FGV para oferecer ao país um novo modelo de ensino jurídico capaz de formar lideranças de destaque na advocacia e nas carreiras públicas.

A FGV DIREITO RIO desenvolveu um cuidadoso plano pedagógico para seu Programa de Educação Continuada, contemplando cursos de pós-graduação e de extensão. O programa surge como valorosa resposta à crise do ensino jurídico observada no Brasil nas últimas décadas, que se expressa pela incompatibilidade entre as práticas tradicionais de ensino do direito e as demandas de uma sociedade desenvolvida.

Em seu plano, a FGV DIREITO RIO assume o papel de formar profissionais preparados para atender às reais necessidades e expectativas da sociedade brasileira em tempos de globalização. Seus cursos reforçam o comprometimento da escola em inserir no mercado profissionais de direito capazes de lidar com áreas interdisciplinares, dotados de uma visão ampla das questões jurídicas e com sólidas bases acadêmica e prática.

A Série Direito Tributário é um importante instrumento para difusão do pensamento e do tratamento dado às modernas teses e questões discutidas nas salas de aula dos cursos de MBA e de pós-graduação, focados no direito tributário, desenvolvidos pela FGV DIREITO RIO.

Dessa forma, esperamos oferecer a estudantes e advogados um material de estudo que possa efetivamente contribuir com seu cotidiano profissional.

Introdução

Este volume, dedicado ao estudo de normas gerais de direito tributário, tem origem em profunda pesquisa e sistemática consolidação dos materiais de aula acerca de temas que despertam crescente interesse no meio jurídico e reclamam mais atenção dos estudiosos do direito. A intenção da Escola de Direito do Rio de Janeiro da Fundação Getulio Vargas é tratar de questões atuais sobre o tema, aliando a dogmática e a pragmática jurídicas.

A obra trata, de forma didática e clara, dos conceitos e princípios de normas gerais de direito tributário, analisando as questões em face das condições econômicas do desenvolvimento do país e das discussões recentes sobre o processo de reforma do Estado.

O material aqui apresentado abrangerá assuntos relevantes, como:

❏ normas tributárias – fontes;
❏ vigência e aplicação;
❏ interpretação e integração;
❏ obrigação tributária;

- responsabilidade tributária; e
- lançamento: princípio e modalidades.

Em conformidade com a metodologia da FGV DIREITO RIO, cada capítulo conta com o estudo de *leading cases* para auxiliar na compreensão dos temas. Com ênfase em casos práticos, pretendemos oferecer uma análise dinâmica e crítica das normas vigentes e sua interpretação.

Esperamos, assim, fornecer o instrumental técnico-jurídico para os profissionais com atuação ou interesse na área, visando fomentar a proposição de soluções criativas para problemas normalmente enfrentados.

1

Normas tributárias: fontes

Roteiro de estudo

Introdução

As fontes formais tributárias consistem no conjunto de normas que regulam o direito tributário, existindo, em cada uma delas, um comando ao sujeito passivo ou ativo da obrigação tributária. Fonte formal é a norma escrita, codificada, ou seja, a lei em sentido formal. Já as fontes materiais são aquelas que não se encontram codificadas, mas colaboram na interpretação do comando legal, por exemplo, princípios e entendimentos doutrinários.

Nas palavras do professor Alceu Maurício Júnior, "Aponta-se o confronto entre fontes reais e formais, sendo as primeiras os pressupostos de fato da tributação, enquanto as fontes formais seriam o conjunto de normas que compõem o Direito Tributário".[1]

---

[1] GOMES, Marcus Lívio; ANTONELLI, Leonardo Pietro (Coord.). *Curso de direito tributário brasileiro*. 3. ed. São Paulo: Quartier Latin, 2010. v. 1, p. 214.

A fonte real, portanto, para o direito tributário, corresponde à ocorrência do fato descrito na norma jurídica, estabelecendo-se a relação jurídico-tributária e tornando-se exigível o tributo.

As fontes podem classificar-se em principal e acessória.[2] Fonte formal principal é aquela norma que pode inovar, trazendo direitos, deveres e obrigações, como a Constituição Federal, algumas leis complementares e leis ordinárias. Fontes acessórias ou secundárias são aquelas que visam complementar o disposto na fonte principal, a exemplo do art. 100 do Código Tributário Nacional (CTN).

Nesse sentido, pode-se afirmar que as instruções normativas não são espécies de fontes formais, uma vez que não podem introduzir direitos e deveres que não se encontram previstos na lei. Entretanto, excepcionalmente, as fontes formais secundárias podem introduzir direitos e deveres caso não se tratem de reserva legal e desde que haja delegação contida na fonte formal principal.

Quando se está diante de matéria de reserva legal, ela deve ser integralmente normatizada por uma fonte formal principal, ao passo que, quando tratar-se de matéria objeto de legalidade, a normatização pode ocorrer por fonte formal secundária.

Sempre que o CTN faz referência à lei, significa necessidade de lei em sentido formal para tratar daquela matéria. Entretanto, a legislação tributária admite a utilização de qualquer norma, desde que haja delegação por uma lei em sentido formal, salvo se a matéria for reservada a lei ou lei complementar, respectivamente na forma dos arts. 150, I, e 146, ambos da CRFB/1988. Por exemplo, o prazo de pagamento do tributo (art. 160 do CTN) ou a fixação de obrigações acessórias podem ser determinados

---

[2] PEREIRA, Caio Mário da Silva. *Introdução ao direito civil*: teoria geral de direito civil. 24. ed. Rio de Janeiro: Forense, 2011. v. 1, p. 46.

por norma infralegal, uma vez que prazo de pagamento não é matéria de reserva legal, mas sim de legalidade.

Fontes

Constituição da República Federativa do Brasil, de 1988 (CRFB/1988)

A CRFB/1988 possui três principais funções no direito tributário: (1) repartir competências tributárias, determinando quem tem atribuição para criar e legislar sobre os tributos, conforme os arts. 145, 147, 148, 149, 153, 154, 155 e 156; (2) repartir receitas tributárias, na medida em que estabelece o destino da arrecadação de cada um dos tributos, conforme os arts. 157 a 159; (3) estabelecer limitações constitucionais ao poder de tributar, conforme os arts. 145, § 1º, 150 e 152.

O professor Luciano Amaro corrobora: "Na Constituição encontra-se a matriz de todas as competências; nela se demarcam os limites do poder de tributar e se estruturam os princípios, inclusive os de natureza especificamente tributária, que constituem as pilastras de sustentação de todo o sistema tributário".[3]

> Neste passo, basta considerar que o texto constitucional prevê a existência de tributos e delineia quem serão as pessoas jurídicas de direito público que poderão instituí-los. O tema da competência é extremamente relevante, especialmente quando o Estado adota a forma federativa, como no Brasil, em que o texto constitucional previu estrutura em que se identificam a União, os Estados e o Distrito Federal. Embora haja quem levante dúvidas se os municípios participam, enquanto tais, do pacto

---

[3] AMARO, Luciano. *Direito tributário brasileiro*. 16. ed. São Paulo: Saraiva, 2010. p. 190.

federativo, o Constituinte houve por bem conferir também a eles uma parcela da competência tributária. Pois bem: é na Constituição que se sabe quem pode instituir qual tributo.[4]

Emendas constitucionais

As emendas constitucionais podem tratar livremente de matéria tributária, desde que não violem cláusula pétrea, em observância ao art. 60, § 4º, da CRFB/1988.

A Constituição, como se sabe, não cria tributos, ela define competências para fazê-lo. Assim também suas emendas. No entanto, a Emenda Constitucional de Revisão n. 1/94 disciplinou diretamente certas contribuições sociais, referindo-se a alíquotas, base de cálculo, contribuintes, atropelando, dessa forma, o processo legislativo (que, normalmente, supõe a sanção do Poder Executivo para a criação ou modificação de tributo).[5]

Já foi o tempo em que se indagava se existem cláusulas pétreas[6] tributárias. De acordo com entendimento do STF, a exemplo do julgamento da Ação Direta de Inconstitucionalidade nº 939, cuja ementa segue transcrita, algumas normas constitucionais tributárias são consideradas cláusulas pétreas, uma vez que protegem a forma federativa do Estado ou caracterizam-se como direitos e garantias fundamentais, a exemplo da anterioridade, irretroatividade e legalidade. A repartição de competências e receitas, por sua vez, é uma forma de garantia do poder federativo do Estado.

---

[4] SCHOUERI, Luís Eduardo. *Direito tributário*. São Paulo: Saraiva, 2011. p. 65.
[5] AMARO, Luciano. *Direito tributário brasileiro*, 2010, op. cit., p. 191.
[6] Conforme art. 60, § 4º, da CRFB/1988, "não será objeto de deliberação a proposta de emenda à Constituição tendente a abolir: I - a forma federativa de Estado; II - o voto direto, secreto, universal e periódico; III - a separação dos Poderes; IV - os direitos e garantias individuais".

EMENTA: – Direito Constitucional e Tributário. Ação Direta de Inconstitucionalidade de Emenda Constitucional e de Lei Complementar. I.P.M.F. Imposto Provisório sobre a Movimentação ou a Transmissão de Valores e de Créditos e Direitos de Natureza Financeira – I.P.M.F. Artigos 5., par. 2., 60, par. 4., incisos I e IV, 150, incisos III, "b", e VI, "a", "b", "c" e "d", da Constituição Federal.

1. Uma Emenda Constitucional, emanada, portanto, de Constituinte derivada, incidindo em violação a Constituição originária, pode ser declarada inconstitucional, pelo Supremo Tribunal Federal, cuja função precípua é de guarda da Constituição (art. 102, I, "a", da C.F.). 2. A Emenda Constitucional n. 3, de 17.03.1993, que, no art. 2, autorizou a União a instituir o I.P.M.F., incidiu em vício de inconstitucionalidade, ao dispor, no parágrafo 2. desse dispositivo, que, quanto a tal tributo, não se aplica "o art. 150, III, "b" e VI", da Constituição, porque, desse modo, violou os seguintes princípios e normas imutáveis (somente eles, não outros): 1. – o princípio da anterioridade, que é garantia individual do contribuinte (art. 5, par. 2, art. 60, par. 4, inciso IV e art. 150, III, "b" da Constituição); 2. – o princípio da imunidade tributária recíproca (que veda à União, aos Estados, ao Distrito Federal e aos Municípios a instituição de impostos sobre o patrimônio, rendas ou serviços uns dos outros) e que é garantia da Federação (art. 60, par. 4, inciso I, e art. 150, VI, "a", da C.F.); 3. – a norma que, estabelecendo outras imunidades, impede a criação de impostos (art. 150, III) sobre: "b"): templos de qualquer culto; "c"): patrimônio, renda ou serviços dos partidos políticos, inclusive suas fundações, das entidades sindicais dos trabalhadores, das instituições de educação e de assistência social, sem fins lucrativos, atendidos os requisitos da lei; e "d"): livros, jornais, periódicos e o papel destinado a sua impressão; 3. Em consequência, é inconstitucional, também, a Lei Complementar n. 77, de 13.07.1993, sem

redução de textos, nos pontos em que determinou a incidência do tributo no mesmo ano (art. 28) e deixou de reconhecer as imunidades previstas no art. 150, VI, "a", "b", "c" e "d" da C.F. (arts. 3, 4 e 8 do mesmo diploma, L.C. n. 77/93). 4. Ação Direta de Inconstitucionalidade julgada procedente, em parte, para tais fins, por maioria, nos termos do voto do Relator, mantida, com relação a todos os contribuintes, em caráter definitivo, a medida cautelar, que suspendera a cobrança do tributo no ano de 1993.[7]

Diante de tal posicionamento jurisprudencial, tem-se que a anterioridade, por exemplo, não pode ser excepcionada além daquelas hipóteses em que já foi excepcionada pelo constituinte originário.

A CRFB/1988 pode ser alterada da maneira que o poder constituinte derivado desejar, desde que seja respeitado o quórum qualificado para tal e que não haja violação à cláusula pétrea.

A título de exemplo, há na CRFB/1988 previsão do art. 145, § 1º, no sentido de que os impostos reais não podem ser progressivos. Entretanto, essa previsão não foi classificada como cláusula pétrea pelo STF, uma vez que a Emenda Constitucional (EC) nº 29/2000 instituiu a progressividade do IPTU, que é um imposto real, e não foi declarada inconstitucional.[8]

Lei complementar

Inicialmente, cabe ressaltar que, apesar de as leis complementares possuírem quórum de aprovação qualificado, elas "não

---

[7] BRASIL. Supremo Tribunal Federal. ADI nº 939. Tribunal Pleno. Relator: ministro Sydney Sanches. Julgamento em 15 de dezembro de 1993. *DJ*, 18 fev. 1994.
[8] BRASIL. Supremo Tribunal Federal. RE nº 423.768/SP. Tribunal Pleno. Relator: ministro Marco Aurélio. Julgamento em 1º de dezembro de 2010. *DJ*, 10 maio 2011.

possuem a rigidez das normas constitucionais, nem a flexibilidade das Leis Ordinárias".[9]

Além de várias outras atribuições fixadas pela Constituição, a lei complementar possui três funções principais no direito tributário: (1) dispor sobre conflitos de competência entre entes federados (art. 146, I, da CRFB/1988); (2) regular as limitações constitucionais ao poder de tributar (art. 146, II, da CRFB/1988); (3) estabelecer normas gerais em matéria de legislação tributária (art. 146, III, da CRFB/1988).

Noutros dispositivos da Constituição, prevê-se também a lei complementar com a mesma função de adensar o modelo constitucionalmente prefigurado de certos tributos, quando se lhe confere, por exemplo, a tarefa de definir grandes fortunas (art. 153, VII), ou de fixar critérios de competência tributária do imposto estadual de transmissão (art. 155, § 1º, III), ou de definir aspectos próprios do ICMS (art. 153, § 2º, XII) ou do ISS (art. 156, § 3º, com redação da EC n. 3/1993). O art. 195, § 11 (com redação da EC n. 20/1998) atribui à lei complementar a fixação de limite de valor para a concessão de remissão ou "anistia" de certas contribuições sociais.[10]

As normas gerais consistem em: (1) definição de tributos e suas espécies, bem como do fato gerador, da base de cálculo e dos contribuintes dos impostos discriminados na CRFB/1988; (2) obrigação, lançamento crédito, prescrição e decadência; (3) tratamento tributário adequado ao ato cooperativo; (4) tratamento tributário diferenciado para pequenas empresas.

O rol de normas gerais, previsto no art. 146, III, da CRFB/1988, não é taxativo, afirmando sua natureza exemplifi-

---

[9] AMARO, Luciano. *Direito tributário brasileiro*, 2010, op. cit., p. 192.
[10] Ibid., p. 193-194.

cativa quando utiliza a expressão "especialmente sobre". Dessa forma, podem existir outras matérias que são qualificadas como normas gerais, mas não estão listadas na CRFB/1988, devendo, ainda assim, ser tratadas por lei complementar. O CTN, como se sabe, ocupa o lugar da norma geral, apesar de ter sido publicado como lei ordinária. Nesse sentido, Luís Eduardo Schoueri acrescenta:

> No ordenamento positivo brasileiro, cumpre as funções acima, por excelência, o Código Tributário Nacional. Conquanto editado sob a forma de lei ordinária (Lei 5.172/1996), a matéria que ele regulou é, hoje, por força do artigo 146 acima referido, reservada pela Constituição à lei complementar. Por tal razão, apenas uma lei complementar poderia inovar tais matérias.[11]

Caso não seja editada lei federal de normas gerais para definir fato gerador, base de cálculo e contribuintes dos impostos, de acordo com o Informativo nº 157 do Supremo Tribunal Federal, podem os estados e municípios editar lei de normas gerais, em observância ao art. 24 da CRFB/1988 e seus parágrafos, bem como ao art. 30 da CRFB/1988, vez que direito tributário é matéria de competência concorrente.

IPVA e Competência Legislativa
Deixando a União de editar as normas gerais disciplinadoras do IPVA, os Estados exercem a competência legislativa plena (CF, art. 24, § 3º) e ficam autorizados a editarem as leis necessárias à aplicação do sistema tributário nacional previsto na CF (ADCT, art. 34, § 3º). Com esse entendimento, a Turma, por unanimidade, manteve acórdão do Tribunal de Justiça de São

---

[11] SCHOUERI, Luís Eduardo. *Direito tributário*, 2011, op. cit., p. 68.

Paulo, que rejeitara a pretensão de contribuinte do Imposto sobre Propriedade de Veículos Automotores – IPVA de eximir-se do pagamento do tributo, sob a alegação de que o Estado de São Paulo não poderia instituí-lo, dado que não possui competência para suprir a ausência de lei complementar estabelecendo as normas gerais (CF, 146, III, a). Precedente citado: AG (AgRg) 167.777-DF (DJU 9.5.97). RE 236.931-SP, rel. min. Ilmar Galvão, 10.8.99.[12]

A inexistência de lei complementar de normas gerais, muitas vezes, enseja conflito de competência, podendo ocorrer *bis in idem*, pois a lei de cada estado pode dispor de forma diferente sobre a mesma matéria no exercício da competência legislativa plena. No caso dos municípios, ocorre o mesmo problema. Ressalte-se que, apesar de os municípios não serem mencionados no art. 24, eles podem exercer a competência legislativa plena quando da inexistência de lei complementar federal sobre normas gerais em razão da combinação do art. 24 com o art. 30, ambos da CRFB/1988.

O CTN, em seus arts. 113 a 193, trata de obrigação, lançamento, crédito tributário, prescrição e decadência, o que serviu como base para a Súmula Vinculante nº 8 do Supremo Tribunal Federal, a qual prescreve que matéria de decadência e prescrição das contribuições da seguridade social deve ser veiculada por meio de lei complementar.

Outra questão pertinente acerca das leis complementares consiste na existência ou inexistência de hierarquia entre elas e as leis ordinárias. O Supremo Tribunal Federal acabou por dirimir tal dúvida quando se manifestou no sentido de que somente existiria hierarquia caso as leis ordinárias buscassem seu fun-

---

[12] BRASIL. Supremo Tribunal Federal. Informativo nº 157.

damento de validade nas leis complementares. Entretanto, isso não ocorre, já que tanto a lei complementar como a lei ordinária buscam seus fundamentos de validade na Constituição.

Lei

Tradicionalmente, a lei ordinária é o veículo adequado para instituição dos tributos, ao passo que a lei complementar é exigida excepcionalmente para tal função. As matérias constantes do art. 97 do CTN são objeto de lei em sentido formal, já que o dispositivo normativo utiliza o termo "lei" e não a expressão "legislação tributária".

Vale, neste momento, ressaltar que o referido dispositivo, ao se referir à lei, não o restringiu às leis federais. Também as leis estaduais, distritais e municipais, nos âmbitos de suas respectivas competências, são fontes formais para o Direito Tributário. Também importa que se repise que várias são as ocasiões, no Código Tributário Nacional, em que surge a expressão "lei", em oposição à genérica "legislação tributária". Esta se insista, compreende aquela, mas quando o legislador complementar se refere à lei, não há como estender o dispositivo às demais fontes arroladas no artigo 96 do Código Tributário Nacional.[13]

Lei delegada

A doutrina minoritária entende que lei delegada não pode dispor sobre matéria tributária, vez que, se não pode haver delegação de competência de um ente para o outro, igualmente não poderia ocorrer delegação de um poder para o outro. A doutrina

---

[13] SCHOUERI, Luís Eduardo. *Direito tributário*, 2011, op. cit., p. 89.

majoritária, por sua vez, entende que pode lei delegada tratar de matéria tributária (art. 68 da CRFB/1988), pois não existe vedação constitucional expressa. Ressalte-se, por oportuno, que apenas aquelas matérias objeto de lei complementar não poderiam ser dispostas em lei delegada.

As leis delegadas estão previstas no art. 68 da CF, sendo elaboradas pelo Presidente da República, após obter a delegação do Congresso Nacional. Algumas matérias não podem ser objeto de lei delegada, como, por exemplo, os atos de competência exclusiva do Congresso Nacional, os de competência privativa da Câmara dos Deputados ou do Senado Federal, a matéria reservada à lei complementar, entre outros.[14]

Medida provisória

Até o advento da Emenda Constitucional nº 32/2001, existia a discussão acerca da possibilidade de medida provisória dispor acerca de matéria tributária e de matéria reservada à lei complementar.

O Supremo Tribunal Federal sempre manteve seu entendimento no sentido de que medida provisória pode dispor acerca de matéria tributária, o que foi confirmado pela Emenda Constitucional nº 32/2001.

Se antes da edição da Emenda Constitucional 32/2001 era bastante acalorado o debate sobre a possibilidade de medidas provisórias versarem sobre matéria tributária, após aquela já não podem ser acolhidos argumentos daqueles que entendam

---

[14] GOMES, Marcus Lívio; ANTONELLI, Leonardo Pietro (Coord.). *Curso de direito tributário brasileiro*, 2010, op. cit., p. 231.

descaber medida provisória para instituição de tributos. Afinal, é o próprio § 2º do artigo 62 da Constituição Federal que agora trata das hipóteses de "Medida provisória que implique instituição ou majoração de impostos". O que há, sim, são limites, que devem ser extraídos do texto constitucional.[15]

Nota-se, entretanto, que o posicionamento do Supremo Tribunal Federal sempre foi no sentido de que as medidas provisórias não podem dispor sobre matéria reservada à lei complementar, o que foi corroborado pelo inciso III do § 1º do art. 62.

O § 2º do art. 62 da CRFB/1988 traz exceções à produção de efeitos da medida provisória que majora ou institui determinados tributos. Tais exceções ocorrem em razão da sujeição de tais tributos ao princípio da anterioridade. Nesses casos, portanto, a medida provisória que cria ou majora tributos só produzirá efeitos no exercício seguinte àquele em que foi publicada se convertida em lei até o último dia do ano em que foi editada.

Se a medida provisória não for convertida em lei em 120 dias, ela perde sua eficácia com efeitos *ex nunc*, conforme art. 62, § 3º, combinado com o art. 62, § 11, ambos da CRFB/1988.

> É verdade que os requisitos da relevância e da urgência condicionam o exercício do poder do Presidente da República de editar medidas provisórias. Esses requisitos devem ser invocados para controle da legitimidade do exercício excepcional de poder conferido ao Chefe do Governo, tanto no caso de leis tributárias como no de qualquer outra. Não há uma "especificidade" dos tributos que os incompatibilize com medidas relevantes e urgentes. A Emenda n. 32 deixou expresso o que sempre es-

---

[15] SCHOUERI, Luís Eduardo. *Direito tributário*, 2011, op. cit., p. 89.

teve implícito: a deliberação do legislativo sobre o mérito das medidas depende de juízo prévio sobre o atendimento de seus pressupostos constitucionais (nova redação do art. 62, § 5º).[16]

Tratados e convenções internacionais

O Supremo Tribunal Federal, no julgamento do Recurso Extraordinário nº 80.004, entendeu que tratado internacional é recepcionado com *status* de lei ordinária. Por conta disso, em princípio, pelo critério cronológico, lei posterior poderia revogá-lo. Tal hipótese somente acontece porque se adota a teoria dualista, em que o tratado possui dois planos de incidência distintos. Então a nova lei revogaria a eficácia do tratado apenas no âmbito interno.

Ementa

CONVENÇÃO DE GENEBRA, LEI UNIFORME SOBRE LETRAS DE CÂMBIO E NOTAS PROMISSÓRIAS – AVAL APOSTO A NOTA PROMISSÓRIA NÃO REGISTRADA NO PRAZO LEGAL – IMPOSSIBILIDADE DE SER O AVALISTA ACIONADO, MESMO PELAS VIAS ORDINÁRIAS. VALIDADE DO DECRETO-LEI Nº 427, DE 22.01.1969. EMBORA A CONVENÇÃO DE GENEBRA QUE PREVIU UMA LEI UNIFORME SOBRE LETRAS DE CÂMBIO E NOTAS PROMISSÓRIAS TENHA APLICABILIDADE NO DIREITO INTERNO BRASILEIRO, NÃO SE SOBREPÕE ELA ÀS LEIS DO PAÍS, DISSO DECORRENDO A CONSTITUCIONALIDADE E CONSEQUENTE VALIDADE DO DEC-LEI Nº 427/69, QUE INSTITUI O REGISTRO OBRIGATÓRIO DA NOTA PROMISSÓRIA EM REPARTIÇÃO FAZENDÁRIA, SOB PENA DE NULIDADE DO TÍTULO.

---

[16] AMARO, Luciano. *Direito tributário brasileiro*, 2010, op. cit., p. 201.

SENDO O AVAL UM INSTITUTO DO DIREITO CAMBIÁRIO, INEXISTENTE SERÁ ELE SE RECONHECIDA A NULIDADE DO TÍTULO CAMBIAL A QUE FOI APOSTO. RECURSO EXTRAORDINÁRIO CONHECIDO E PROVIDO.[17]

Em relação à matéria tributária, o art. 98 do CTN parece estabelecer prevalência dos tratados tributários em detrimento da legislação tributária interna. O Supremo Tribunal Federal entende que, se o CTN teve de dispor expressamente que, em matéria tributária, o tratado prevalece, nas outras matérias ele não prevaleceria.[18]

O Superior Tribunal de Justiça entende que o art. 98 do CTN estabelece que o tratado não revoga a lei interna, mas apenas suspende sua eficácia, devendo as novas normas observar o disposto no tratado, não cabendo, dessa forma, revogação do tratado por lei interna superveniente.

Ementa

TRIBUTÁRIO. MANDADO DE SEGURANÇA. IMPORTAÇÃO DE DERIVADO DE VITAMINA E – ACETATO DE TOCOFEROL, DE PAÍS SIGNATÁRIO DO "GATT". REDUÇÃO DE ALÍQUOTA DE IMPOSTO DE IMPORTAÇÃO E IPI. PREVALÊNCIA DO ACORDO INTERNACIONAL DEVIDAMENTE INTEGRADO AO ORDENAMENTO JURÍDICO INTERNO. IMPOSSIBILIDADE DE SUA REVOGAÇÃO PELA LEGISLAÇÃO TRIBUTÁRIA SUPERVENIENTE (ART. 98 DO CTN). PRECEDENTES. RECURSO NÃO CONHECIDO.[19]

---

[17] BRASIL. Supremo Tribunal Federal. RE nº 80.004. Tribunal Pleno. Relator: ministro Xavier de Albuquerque. Julgamento em 1º de junho de 1977.
[18] BRASIL. Supremo Tribunal Federal. Extradição nº 662. Tribunal Pleno. Relator: ministro Celso de Mello. Julgamento em 28 de novembro de 1996. DJ, 30 maio 1997.
[19] BRASIL. Superior Tribunal de Justiça. Recurso Especial nº 167.758. Segunda Turma. Relator: ministro Adhemar Maciel. Julgamento em 26 de maio de 1998. DJ, 3 ago. 1988.

Resoluções do Senado Federal

As resoluções do Senado Federal, uma das espécies de atos normativos emanados pelo Poder Legislativo, com previsão no art. 52 da CRFB/1988, têm como função em matéria tributária a fixação de alíquotas em tributos estaduais para trazer relativa uniformidade na tributação e evitar guerra fiscal.

Na seara tributária, tem relevante papel o Senado Federal, que, exercendo o papel de representante dos Estados, tem a prerrogativa para definir as alíquotas máximas do imposto sobre transmissão *causa mortis* e doações (art. 155, § 1º, IV) e mínimas do Imposto sobre a Propriedade de Veículos Automotores (art. 155, § 6º, I), bem como as alíquotas interestaduais do ICMS (art. 155, § 2º, IV), facultado, ainda, o estabelecimento de alíquotas internas mínimas e, com a finalidade de resolver conflito específico, máximas do ICMS (art. 155, § 2º, V).[20]

Convênios interestaduais – ICMS

O ICMS é o único tributo no qual os benefícios fiscais são concedidos ou revogados por convênio e não por lei, conforme art. 155, § 2º, XII, "g", da CRFB/1988.

O Supremo Tribunal Federal tem entendimento antigo no sentido de que os convênios, salvo os do art. 10 da Lei Complementar (LC) nº 24/1975, são impositivos. Nesse sentido, se o estado assinar o convênio e se manifestar no sentido de concessão do benefício, o contribuinte tem direito subjetivo a tal benefício. Uma vez que o estado faça adesão ao convênio,

---

[20] SCHOUERI, Luís Eduardo. *Direito tributário*, 2011, op. cit., p. 92.

manifestando a vontade de conceder o benefício fiscal, este já está concedido, podendo o contribuinte, até mesmo, pleiteá-lo judicialmente.

Os convênios são celebrados em reuniões dos Secretários da Fazenda de todos os Estados, em colegiado denominado Confaz, presidido pelo Ministro da Fazenda. Como o § 2º do art. 1º da Lei Complementar 24/1975 prevê que tais benefícios se concederão mediante deliberação unânime dos Estados representados, fica evidente o cuidado em instituir um mecanismo que evitasse a guerra fiscal entre os Estados.[21]

Decretos

Os decretos são fonte formal secundária, podendo inovar no ordenamento apenas quando houver delegação da fonte principal e quando não se tratar de matéria de reserva legal. Portanto, será vedada qualquer disposição *ultra legem* ou *contra legem*.

O decreto tem o condão de regulamentar a lei e, dessa forma, deve observar os limites nela delineados, conforme art. 99 do CTN.

Existe, ainda, outra função que pode ser desempenhada pelos decretos, qual seja a de "fixar as alíquotas dos impostos aduaneiros sobre produtos industrializados e sobre operações de crédito, câmbio, seguros, títulos e valores mobiliários".[22]

---

[21] Ibid., p. 112.
[22] Uma leitura atenta do texto constitucional, entretanto, revela que não se limita à função regulamentar o papel dos decretos. Afinal, é por meio deles que se expressa o chefe do Poder Executivo. E foi o próprio constituinte que autorizou o Executivo, posto que nos limites da lei, a fixar as alíquotas dos impostos aduaneiros sobre produtos industrializados e sobre operações de crédito, câmbio, seguros, títulos e valores mobiliários (art. 153, § 1º, da Constituição Federal). Daí, pois, o decreto que ultrapassa os limites do mero regulamento (SCHOUERI, Luís Eduardo. *Direito tributário*, 2011, op. cit., p. 113).

Normas complementares

As normas complementares são aquelas elencadas pelo art. 100 do CTN.

Os atos administrativos normativos, mencionados no inciso I do supracitado dispositivo, têm a função de explicitar, regulamentar e dar efetividade ao comando legal. Atos administrativos normativos são o critério jurídico da administração tributária, ou seja, a maneira de a administração tributária interpretar o comando legal. Servem de orientação geral para os contribuintes e instruem os funcionários públicos encarregados da administração tributária.

Já as decisões administrativas com caráter normativo são decisões individuais que podem ser estendidas a todos os contribuintes, por exemplo, um parecer normativo.

Os costumes são práticas reiteradas da administração. Para parte da doutrina, os costumes administrativos tributários seriam meramente interpretativos. Quando a lei expressamente não prevê como a administração deve agir, ela agirá de acordo com todo o ordenamento jurídico.

Os convênios entre entes federados consistem em uma troca de informações entre eles, como exemplo o art. 199 do CTN, que estabelece assistência mútua entre os entes na área de fiscalização, com trocas de informações.

As normas complementares só são válidas para o contribuinte quando não criam obrigação não prevista em norma geral. Destaque-se, ainda, que sua observância pelo contribuinte impede a imposição de penalidades e a cobrança de juros e correção monetária (art. 100, parágrafo único, do CTN).

Questões de automonitoramento

1) Após ler este capítulo, você é capaz de resumir o caso gerador do capítulo 7, identificando as partes envolvidas, os problemas atinentes e as soluções cabíveis?

2) A Emenda Constitucional nº 55/2004 realizou modificações no Sistema Tributário Nacional existente na Constituição, entre as quais se destacavam a autorização para a criação de um novo imposto sobre o patrimônio, de competência da União, não expressamente previsto na CRFB/1988, regendo que a ele não se aplicam os arts. 150, III, "b", e 150, VI, "a", da Constituição. Existem inconstitucionalidades que possam ser apontadas com relação à referida emenda? Justifique.

3) Inexistindo lei complementar federal que disponha sobre o previsto no art. 146, III, "a", da CRFB/1988 (fato gerador, base de cálculo e contribuintes) relativamente a um imposto estadual, pode o estado cobrar o tributo, bastando para tanto lei ordinária de sua competência? Aconteceria o mesmo se, na hipótese, se tratasse de imposto municipal?

4) A Lei nº 8.212/1991, em seu art. 22, II, instituiu o denominado Seguro Acidente de Trabalho (SAT), fixando alíquotas de 1%, 2% e 3% de acordo com o grau de risco de acidentes de trabalho na empresa, mas possibilitando ao Poder Executivo, no § 3º desse mesmo artigo, fixar e alterar o enquadramento das empresas nos graus de risco. Tais disposições configuram afronta ao princípio da reserva legal tributária (arts. 150, I, da CRFB e 97, I e II, do CTN)?

5) O município de Tribobó, por meio de decreto do prefeito, promove anualmente a atualização do valor venal dos imóveis para efeito do pagamento de IPTU, a partir de pesquisa de mercado realizada pela prefeitura que fixa o valor do metro quadrado de cada região da cidade. De acordo com as normas tributárias vigentes, é legal esse procedimento adotado pela prefeitura?

6) O Brasil celebrou tratado internacional, devidamente incorporado à legislação pátria, pelo qual aderiu a regras internacionais de cunho comercial e tributário, tendo aceitado

um modelo padrão internacional para a emissão de títulos de crédito e a fixação da alíquota máxima do imposto de importação em 50%. Leis ordinárias posteriores alteraram a legislação interna de títulos de crédito, dispondo de forma contrária ao tratado, bem como fixaram a alíquota máxima do imposto de importação em 70%. Inexistindo denúncia do tratado por parte do Brasil, podem as leis ordinárias referidas efetuar tais alterações? E se as mesmas fossem leis complementares?

7) O presidente da República editou, em junho de 2008, medida provisória que criou empréstimo compulsório para arrecadar recursos visando combater uma calamidade pública instalada nacionalmente. Na mesma medida provisória, o presidente aumentou também as alíquotas do IPI e do IR. Pergunta-se:

a) Existe alguma irregularidade no ato presidencial?

b) A partir de quando poderão ser cobrados o empréstimo compulsório e os aumentos do IPI e do IR?

8) Um decreto pode prever uma obrigação acessória e fixar penalidade por seu descumprimento? Justifique sua resposta.

9) Pense e descreva, mentalmente, alternativas para a solução do caso gerador do capítulo 7.

2

Vigência e aplicação

Roteiro de estudo

Vigência da norma tributária

Com a publicação, a lei passa a existir. Publicação é o ato pelo qual se dá ciência da norma aos administrados. Entretanto, para que ela produza efeitos, é necessário que entre em vigor. A vigência é um pressuposto para a produção de efeitos da lei, mas não obrigatoriamente com a vigência a norma produzirá todos os seus efeitos, uma vez que alguns deles podem ser diferidos/postergados.

Diz-se vigente uma norma quando dotada de força para propagar efeitos jurídicos. Norma vigente é aquela cujo consequente será de aplicação cogente, presente o seu antecedente normativo. A negativa de aplicação de uma norma cogente corresponde à infração, punida pelo ordenamento. Não se confunde com validade nem com eficácia.[23]

---

[23] SCHOUERI, Luís Eduardo. *Direito tributário*. São Paulo: Saraiva, 2011. p. 669.

Sobre o assunto, é válido destacar o seguinte posicionamento doutrinário:

Vigência. "Vigência é a aptidão de uma norma para qualificar fatos, desencadeando seus efeitos de direito. Uma lei está em vigor quando idônea a incidir sobre situações fáticas, gerando consequências jurídicas. *Releva destacar que a vigência assim compreendida não pode ser confundida com a eficácia, que é a aptidão de uma norma jurídica para produzir efeitos na ordem jurídica. Tais atributos normativos, que usualmente andam juntos, podem existir separadamente.* Desse modo, uma norma pode ser vigente e não eficaz, como acontece com aquela que aumenta tributo sujeito à observância dos princípios da anterioridade da lei tributária, pois sua eficácia está diferida para 1º de janeiro do exercício seguinte ao qual foi publicada, observado o decurso de noventa dias (art. 150, III, b e c, CR). Outrossim, uma norma pode ser eficaz mas não mais vigente, como acontece na hipótese de aplicação, para efeito de lançamento, da lei que se encontrava em vigor à época da ocorrência do fato gerador da obrigação, ainda que posteriormente revogada (art. 144, *caput*, CTN)" (COSTA, Regina Helena. *Curso de Direito Tributário*. Saraiva, 2009. p. 155).[24]

O art. 8º[25] da Lei Complementar nº 95/1998 determina que todas as leis, exceto as de pequena repercussão, devem possuir cláusula de vigência, por meio da qual será estabelecido o período dentro do qual passarão a produzir seus efeitos.

---

[24] PAULSEN, Leandro. *Direito tributário*: Constituição e Código Tributário à luz da doutrina e da jurisprudência. 12. ed. Porto Alegre: Livraria do Advogado, 2010. p. 850, grifo nosso.
[25] "Art. 8º. A vigência da lei será indicada de forma expressa e de modo a contemplar prazo razoável para que dela se tenha amplo conhecimento, reservada a cláusula 'entra em vigor na data de sua publicação' para as leis de pequena repercussão."

Na falta de norma expressa de vigência, a Lei de Introdução ao Código Civil, em seu art. 1º, *caput*,[26] determina que a lei entrará em vigor 45 dias após sua publicação. O Código Tributário Nacional (CTN), no art. 101,[27] determina que a vigência das normas tributárias será estabelecida pelas disposições normativas que disciplinam as normas jurídicas em geral, ressalvadas as exceções previstas no próprio CTN. Em relação à vigência no espaço, as normas jurídicas em geral observam, em regra, o critério da territorialidade.

A lei tributária vigora no território do ente político que a edita; o território é o limite espacial da soberania, no caso do Estado nacional, e da autonomia, no caso dos Estados-membros, Distrito Federal e Municípios.[28]

A vigência no tempo, por sua vez, deve vir disposta no próprio texto legal, de acordo com previsão do art. 8º da Lei Complementar nº 95/1998. Entretanto, caso não haja previsão expressa no texto da lei, deve-se obedecer ao disposto no art. 1º da Lei de Introdução ao Código Civil.

No presente contexto, destacam-se os ensinamentos doutrinários de Sacha Calmon Navarro Coêlho, *verbis*:

> O codificador remeteu o Direito Tributário brasileiro às regras que regulam, de modo geral, as leis no tempo (Direito intertemporal) e no espaço (vigência extraterritorial), no âmbito interno da Federação e no âmbito internacional.
>
> Ressalvou, porém, as regras específicas previstas no Capítulo II do Livro Segundo, Título I, do CTN.

---

[26] "Art. 1º. Salvo disposição contrária, a lei começa a vigorar em todo o país quarenta e cinco dias depois de oficialmente publicada."

[27] "Art. 101. A vigência, no espaço e no tempo, da legislação tributária rege-se pelas disposições legais aplicáveis às normas jurídicas em geral, ressalvado o previsto neste Capítulo."

[28] AMARO, Luciano. *Direito tributário brasileiro*. 16. ed. São Paulo: Saraiva, 2010. p. 220.

Prevalecem, pois, entre nós, os preceitos da Lei de Introdução ao Código Civil, destacando-se o artigo 1º e §§ 2º e 3º e os artigos 3º, 4º, 5º, 6º e §§. A Lei Complementar nº 95 alterou em parte a Lei de Introdução quanto às técnicas de revogação.

Contudo, não se pode olvidar de modo algum que a vigência com sentido de eficácia, isto é, com o sentido de produzir *efeitos jurídicos*, subordina-se no Direito Tributário Brasileiro aos princípios da *anterioridade anual* e *nonagesimal*, repelindo ademais a retrospectividade. A lei só produz efeitos relativamente ao fato gerador da obrigação tributária no 1º dia do exercício seguinte àquele em que foi promulgada (anterioridade anual) ou noventa dias antes da lei que prevê a ocorrência do fato gerador (espera nonagesimal).

Prevalece, sobranceira, a Constituição da República, que se põe acima das leis.

Os tratados já possuem outro regramento. Entram em vigor tão logo os promulga o Presidente da República, tornando-os públicos. O ato de promulgação é publicado no Diário Oficial da União, produzindo efeitos *ex tunc*. Não se confunde a promulgação com a ratificação, que é ato predecessor daquele.

Segundo Hildebrando Accioly, é "o ato administrativo mediante o qual o chefe de estado confirma um tratado firmado em seu nome ou em nome do Estado, declarando aceito o que foi convencionado pelo agente signatário". Geralmente só ocorre a ratificação depois que o tratado foi devidamente aprovado pelo Parlamento, a exemplo do que ocorre no Brasil, onde esta faculdade é do Congresso Nacional (Accioly, Hildebrando. *Manual de Direito Internacional Público*, 2. ed. São Paulo: Saraiva, 1996. p. 26).[29]

---

[29] COÊLHO, Sacha Calmon Navarro. *Curso de direito tributário brasileiro*. 11. ed. rev. e atual. Rio de Janeiro: Forense. 2011. p. 563-564, grifos no original.

Com relação à vigência da legislação tributária no espaço, "a regra é que a legislação de um ente político vigora apenas no seu respectivo território".[30] Entretanto, como exceção, é admitida a *extraterritorialidade* da legislação tributária dos Estados, do Distrito Federal e dos Municípios, nos limites em que a reconheçam: a) os convênios de que participem as referidas entidades federadas; b) as normas do Código Tributário Nacional; c) as leis de normas gerais expedidas pela União, ou seja, as leis complementares".[31]

A respeito da vigência da legislação tributária federal no espaço, ensina Luiz Emygdio F. da Rosa Jr.:[32]

> A legislação tributária federal aplica-se, em regra, em todo o território nacional e, em caráter excepcional, em território de Estado estrangeiro, e para que tal ocorra é que se celebram tratados e convenções internacionais sobre matéria tributária. Pode-se citar, como exemplo de extraterritorialidade da lei tributária federal, a tributação do imposto de rendimentos auferidos por contribuintes domiciliados no país, mas ausentes no estrangeiro no exercício de função pública do governo brasileiro, ou no gozo de bolsas de estudo, cujos rendimentos pagos pelas Delegacias do Tesouro Brasileiro no exterior estão sujeitos ao pagamento do imposto de renda no Brasil.
>
> Vamos exemplificar com as seguintes hipóteses. Primeira, Tício, não residente no País, é proprietário de bem imóvel situado no Brasil e o vende, auferindo lucro. A lei tributária brasileira poderá ser aplicada, pois o imóvel está localizado no território nacional. Assim, existe o elemento objetivo na

---

[30] ROSA JR., Luiz Emygdio F. da. *Manual de direito financeiro e direito tributário*. 21. ed. rev. e atual. Rio de Janeiro: Renovar, 2009a. p. 244.
[31] Ibid.
[32] Ibid.

relação jurídica (bem imóvel situado no país), estando o lucro auferido sujeito ao imposto de renda sobre o ganho de capital, à alíquota de 15% (quinze por cento), conforme art. 142 do RIR. Segunda, Caio, residente fiscal no Brasil, aliena bem imóvel situado no exterior, e nessa hipótese, o elemento de atração da lei brasileira deixa de ser o bem e passa a ser a condição subjetiva de Caio, por ser residente fiscal no País (elemento subjetivo). Terceira, Paulus, não residente no País, possui bem imóvel fora do território nacional e o aliena. A lei brasileira não poderá ser aplicada, porque tanto o indivíduo (elemento subjetivo), quanto o bem (elemento objetivo), não constituem elementos de atração da lei brasileira.[33]

O art. 102[34] do CTN traz as exceções à regra geral de vigência no espaço, ou seja, exceções à territorialidade. As normas jurídicas tributárias podem ter vigência fora de seu território se assim permitirem o CTN, os convênios e outras leis disciplinadoras de normas gerais.[35]

De acordo com Sacha Calmon N. Coêlho:

Poderão, todavia, produzir efeitos fora dos respectivos territórios na medida em que se lhes reconheçam extraterritorialidade

---

[33] Ibid., p. 244-245.
[34] "Art. 102. A legislação tributária dos Estados, do Distrito Federal e dos Municípios vigora, no País, fora dos respectivos territórios, nos limites em que lhe reconheçam extraterritorialidade os convênios de que participem, ou do que disponham esta ou outras leis de normas gerais expedidas pela União."
[35] Sobre o assunto, é válido transcrever os seguintes ensinamentos doutrinários: "Os convênios a que se refere o art. 102 do Código Tributário Nacional são atos de colaboração entre as pessoas jurídicas nele referidas, que em geral cuidam da fiscalização e do controle da arrecadação de impostos, e podem conter normas tanto a respeito de troca de informações como a respeito da própria atividade de fiscalização. Eles não se confundem com os convênios firmados nos termos da Lei Complementar nº 24/75, para dispor a respeito de isenções e outros incentivos fiscais inerentes ao ICMS" (ROCHA, Valdir de Oliveira. *Comentários ao Código Tributário Nacional*. Coord. Ives Gandra da Silva Martins. São Paulo: Saraiva, 1998. v. 2, p. 50, apud MACHADO, Hugo de Brito. *Comentários ao Código Tributário Nacional*. 2. ed. São Paulo: Atlas. 2008. v. II).

os convênios que entre si celebrem. *As leis federais, por suposto, vigoram em todo o território nacional. Em relação a elas, só cabe falar de extraterritorialidade na ordem internacional por efeito dos tratados internacionais.*[36]

Há de se ressaltar que o supramencionado art. 102 só tem aplicabilidade para as normas estaduais ou municipais, mas não para as normas nacionais, uma vez que estas últimas somente produzem efeitos no exterior quando presente o critério da soberania interna pessoal.

A respeito da vigência da legislação tributária no tempo, o art. 103 do CTN prevê uma exceção à norma geral. Segundo o referido dispositivo legal:

1) os atos administrativos normativos entrarão em vigor na data de sua publicação;
2) as decisões dos órgãos singulares ou coletivos de âmbito administrativo, "que, por lei, têm eficácia normativa",[37] entrarão em vigor 30 dias após a data de sua publicação;
3) os convênios celebrados entre a União, os estados, o Distrito Federal e os municípios, entrarão em vigor na data neles prevista.[38]

O art. 104 do mesmo diploma normativo traz a antiga disciplina do *princípio da anterioridade*:

> Art. 104. Entram em vigor no primeiro dia do exercício seguinte àquele em que ocorra a sua publicação os dispositivos de lei, referentes a impostos sobre o patrimônio ou a renda:

---

[36] COÊLHO, Sacha Calmon Navarro. *Curso de direito tributário brasileiro*, 2011, op. cit., p. 563-564, grifo nosso.
[37] ROSA JR., Luiz Emygdio F. da. *Manual de direito financeiro e direito tributário*, 2009a, op. cit., p. 245.
[38] Ibid.

I - que instituem ou majoram tais impostos;
II - que definem novas hipóteses de incidência;
III - que extinguem ou reduzem isenções, salvo se a lei dispuser de maneira mais favorável ao contribuinte, e observado o disposto no artigo 178.

Houve discussão acerca da recepção do referido artigo pela CRFB/1988. A maioria da doutrina entende que o art. 104 do CTN não foi recepcionado pela Constituição Federal porque a anterioridade desta é mais ampla que a do CTN, sendo, portanto, cláusula de eficácia e tratada integralmente pelo poder constituinte, visto ser a CRFB posterior ao CTN. Dessa forma, pelo critério cronológico, a previsão do CTN, não mais se aplica.

De acordo com parte da doutrina, o art. 104 foi, em parte, superado, uma vez que o CTN é anterior à Constituição Federal de 1967. Sacha Calmon esclarece que à época de edição do CTN o princípio da anterioridade não tinha a abrangência de hoje, pois esta estaria limitada aos impostos periódicos e anuais sobre o patrimônio e a renda, em desacordo com a Constituição de 1988 – segundo a qual o princípio é pleno, com as exceções parciais aos impostos de importação, exportação, sobre operações financeiras, empréstimo compulsório por motivo de guerra ou calamidade pública e imposto de guerra.[39]

Segundo o referido autor, salvo as exceções constitucionalmente previstas, a instituição ou majoração de quaisquer impostos, bem como a definição de novas hipóteses de incidência tributária, devem obedecer ao *princípio da anterioridade*.[40] Tal

---

[39] COÊLHO, Sacha Calmon Navarro. *Curso de direito tributário brasileiro*, 2011, op. cit., p. 563-564.
[40] Ibid., p. 566.

princípio encontra-se previsto no art. 150, III, "b", da Constituição Federal[41] (Emenda nº 42/2003).[42] Sacha Calmon defende que o dispositivo que trata da extinção ou redução das isenções continua plenamente válido; portanto, as leis revocatórias de isenção devem obedecer ao *princípio da anterioridade*. Caso contrário, haveria uma ofensa direta aos princípios constitucionais da *não surpresa* e *da isonomia jurídica*[43] – "pois lei que revoga isenção é lei que reinstitui, *para o isento*, a tributação".[44] Com base em tais argumentos, o autor critica a jurisprudência dos tribunais pátrios que "admite a vigência imediata para a revogação das isenções sem prazo e sem condição (já que as de prazo certo e condicional são irrevogáveis enquanto não chega o termo e a condição) relativa a impostos outros que não os sobre a renda e o patrimônio".[45]

De acordo com Luiz Emygdio F. da Rosa Jr., continua a vigorar "o inciso III do art. 104, ao prescrever que os dispositivos de lei que extinguem ou reduzem isenções somente poderão entrar em vigor no primeiro dia do exercício seguinte àquele em que

---

[41] Ibid., p. 566.
[42] É válido destacar que o referido princípio não se confunde com o princípio da anualidade, conforme esclarece a doutrina: "O princípio *da anterioridade da lei tributária* não se confunde com o princípio da *anualidade* do tributo, não obstante tal confusão ainda seja encontrada em muitos doutrinadores e na jurisprudência, inclusive do Supremo Tribunal Federal. Entre esses dois princípios existe uma distinção essencial que precisa ser esclarecida. O princípio da anualidade vigorava na Constituição de 1946 (art. 141, § 34). Foi abolido pela Emenda Constitucional nº 18, de 1965, e restaurado pela Constituição de 1967 (art. 150, § 28). Com a Emenda nº 1, de 1969, o princípio foi mais uma vez abolido, e não obstante seja excelente instrumento de fortalecimento do Poder Legislativo, não foi restabelecido pela Constituição de 1988, que tem entre as suas virtudes precisamente o restabelecimento do prestígio do Congresso Nacional. Anualidade é qualidade daquilo que é anual. O princípio da anualidade exige a autorização anual do Poder Legislativo para que o tributo antes do início do exercício financeiro em que é cobrado. Como se vê, são princípios inconfundíveis" (MACHADO, Hugo de Brito. *Comentários ao Código Tributário Nacional*, 2008, op. cit., p. 96-97).
[43] COÊLHO, Sacha Calmon Navarro. *Curso de direito tributário brasileiro*, 2011, op. cit.
[44] Ibid.
[45] Ibid.

ocorre sua publicação".[46] Defende o autor que o dispositivo deve ser aplicado "de forma genérica e a todos os tributos e não somente aos impostos sobre o patrimônio e a renda, garantindo que o contribuinte não venha a ser surpreendido por uma cobrança – uma vez que a isenção implica na 'não incidência legal do tributo'".[47]
Conforme reitera o seguinte posicionamento doutrinário:[48]

> Isenções. "É questão assente que os preceitos de lei que extingam ou reduzam isenções só devam entrar em vigor no primeiro dia do exercício seguinte àquele em que forem publicados. Os dispositivos editados com esse fim equivalem, em tudo e por tudo, aos que instituem o tributo, inaugurando um tipo de incidência" (CARVALHO, Paulo de Barros. *Curso de direito tributário*. 21. ed. Saraiva, 2009. p. 538).

Verifica-se, entretanto, de acordo com entendimento jurisprudencial do STF sobre a matéria, que nos casos de revogação das isenções o princípio da anterioridade não é aplicável. Decisões reiteradas nesse sentido embasaram a edição da Súmula nº 615, *verbis*:

> O PRINCÍPIO CONSTITUCIONAL DA ANUALIDADE (PARÁGRAFO-29 DO ART-153 DA CF) NÃO SE APLICA A REVOGAÇÃO DE ISENÇÃO DO ICM.

Tais decisões se fundamentaram no argumento de que

> a revogação da isenção não se equipara à instituição de tributo novo porque a lei isencional apenas suspende a eficácia da lei impositiva, que se restabelece quando a primeira é revogada,

---

[46] ROSA JR., Luiz Emygdio F. da. *Manual de direito financeiro e direito tributário*, 2009a, op. cit., p. 246.
[47] Ibid., p. 248.
[48] PAULSEN, Leandro. *Direito tributário*, 2010, op. cit., p. 852.

cabendo a cobrança do tributo no mesmo exercício em que foi publicada a lei que revogou a isenção.[49]

Ilustram o entendimento do STF sobre a matéria os seguintes julgados:[50]

ICM. REVOGAÇÃO DA ISENÇÃO. INAPLICAÇÃO DO PRINCÍPIO CONSTITUCIONAL DA ANUALIDADE A REVOGAÇÃO DE ISENÇÃO. SÚMULA 615. RECURSO EXTRAORDINÁRIO CONHECIDO E PROVIDO.[51]

Imposto de Circulação de Mercadorias. Isenção. O princípio constitucional da anualidade (art. 153, § 29, da Constituição Federal) não se aplica a revogação da isenção do Imposto de Circulação de Mercadorias. Súmula n. 615. Recurso extraordinário conhecido e provido.[52]

ICM. Isenção não onerosa. Revogação. Imediata eficácia e exigibilidade do tributo. Inaplicação do princípio constitucional da anualidade. Recurso extraordinário conhecido pelo permissivo constitucional da alínea "d", mas desprovido.[53]

ICM. REVOGAÇÃO DE ISENÇÃO QUE SE FEZ POR MEIO DO CONVÊNIO N. 7 DE 13.06.80, APROVADO PELO DECRETO LEGISLATIVO ESTADUAL N. 3.107, DE 6.11.80. PRINCÍPIO

---

[49] ROSA JR., Luiz Emygdio F. da. *Manual de direito financeiro e direito tributário*, 2009a, op. cit., p. 248.
[50] Disponível em: <www.stf.jus.br> Acesso em: 25 jan. 2014.
[51] BRASIL. Supremo Tribunal Federal. RE nº 99.494. Relator: ministro Carlos Madeira. Segunda Turma. Julgamento em 26 de novembro de 1985. *DJ*, 13 dez. 1985, grifo nosso. PP-23208. EMENT VOL-01404-01, PP-00191.
[52] BRASIL. Supremo Tribunal Federal. RE nº 107.185. Relator: ministro Sydney Sanches. Julgamento em 8 de novembro de 1985.
[53] BRASIL. Supremo Tribunal Federal. RE nº 97.482. Relator: ministro Soares Munoz. Primeira Turma. Julgamento em 26 de outubro de 1982. *DJ*, 17 dez. 1982, grifos nossos. PP-13211. EMENT VOL-01280-07, PP-01792.

DA ANUALIDADE. – INEXISTÊNCIA, NO CASO, DE OFENSA AO ARTIGO 23, PAR-6. DA CONSTITUIÇÃO FEDERAL, E AUSÊNCIA, A PROPÓSITO, DE DISSÍDIO DE JURISPRUDÊNCIA. – APLICAÇÃO DA SÚMULA 284 QUANTO À MERA ALEGAÇÃO DE VIGÊNCIA DE 'DISPOSITIVO DA LEI COMPLEMENTAR N. 24, DE 7.1.75. – O PRINCÍPIO CONSTITUCIONAL DA ANUALIDADE (PAR-29 DO ARTIGO 23 DA CONSTITUIÇÃO FEDERAL) NÃO ALCANÇA A ISENÇÃO DE TRIBUTO, POIS ESTA, EM NOSSO SISTEMA JURÍDICO, É CARACTERIZADA, NÃO COMO HIPÓTESE DE NÃO INCIDÊNCIA, MAS, SIM, COMO DISPENSA LEGAL DO PAGAMENTO DE TRIBUTO DEVIDO. – O PRINCÍPIO DA ANUALIDADE EM MATÉRIA DE ISENÇÃO DE TRIBUTO TEM, EM NOSSO DIREITO, CARÁTER MERAMENTE LEGAL, RESULTANDO DO INCISO III DO ARTIGO 104 DO C.T.N. O QUAL SE RESTRINGE AOS IMPOSTOS SOBRE A RENDA, RESTRIÇÕES QUE NÃO FORAM ALTERADAS PELA MODIFICAÇÃO QUE A LEI COMPLEMENTAR N. 24/75 INTRODUZIU NO ARTIGO 178 DO C.T.N. E QUE, ALÉM DE DIZER RESPEITO APENAS À RESSALVA INICIAL DESSE ARTIGO (QUE NADA TEM QUE VER COM O PRINCÍPIO CONSTITUCIONAL DA ANUALIDADE, TANTO QUE SE APLICA A ISENÇÕES DE TRIBUTOS QUE A PRÓPRIA CONSTITUIÇÃO EXCEPCIONA QUANTO A ESSE PRINCÍPIO), PIORA A POSIÇÃO DO CONTRIBUINTE, MOTIVO POR QUE NÃO SE PODE INFERIR QUE TENHA ELA PRETENDIDO ALTERAR PARA MELHOR A SITUAÇÃO DESTE, POR HAVER MANTIDO A REMISSAO AO ARTIGO 104, III, DO C.T.N., SEM QUALQUER MODIFICAÇÃO ÀS RESTRIÇÕES EXPRESSAS A QUE INCISO ESTÁ SUJEITO. RECURSO EXTRAORDINÁRIO CONHECIDO, EM PARTE MAS NELA NÃO PROVIDO.[54]

---

[54] BRASIL. Supremo Tribunal Federal. RE nº 97.455. Relator: ministro Moreira Alves. Segunda Turma. Julgamento em 10 de dezembro de 1982. *DJ*, 6 maio 1983, PP-06050. EMENT VOL-01293-03, PP-00665.

Em posicionamento divergente ao entendimento jurisprudencial acima consubstanciado, esclarece a doutrina:

Mesmo que se entenda não implicar a revogação de isenção em criação de tributo novo, a sua cobrança só poderá ocorrer em exercício seguinte ao da publicação da lei que revogou a isenção, sob pena de se fazer letra morta do disposto no art. 104, III, do CTN. Ademais, o art. 178 do CTN prescreve que a "isenção, salvo se concedida por prazo certo e em função de determinadas condições, pode ser revogada ou modificada por lei, a qualquer tempo, observado o disposto no inciso III do art. 104".[55]

É relevante, outrossim, a consideração de que o princípio da anterioridade da lei tributária tem por finalidade preservar a segurança jurídica, permitindo o planejamento das atividades econômicas, afastando a possibilidade de novos ônus tributários durante o exercício financeiro. Essa finalidade resta evidente prejudicada pelo entendimento adotado pela Corte Maior, porque tanto o tributo novo, como a revogação de isenção, implicam ônus tributário que de igual modo perturbam o planejamento das atividades do contribuinte.

[...]

Seja como for, e não obstante o respeito que nos merecem as manifestações do Supremo Tribunal Federal, preferimos entender que a lei que revoga uma norma de isenção, em se tratando de tributo sujeito ao princípio da anterioridade, só entra em vigor no exercício seguinte. A esse respeito ensina Roque Carrazza: "A doutrina correta, perante nossas disposi-

---

[55] ROSA JR., Luiz Emygdio F. da. *Manual de direito financeiro e direito tributário*, 2009a, op. cit., p. 248.

ções jurídicas, é a colhida desta página de Geraldo Ataliba: Um sistema de governo em que a representatividade republicana é a chave de abóbada de todo o Direito não admite insegurança, surpresa e deslealdade como clima de relacionamento Estado – cidadão. A previsibilidade da ação estatal é um timbre do Estado civilizado e, sobretudo, do Estado de Direito. Por isso, desde 1824, está consagrada em nosso regime constitucional. Efetivamente, a Constituição não se contentou com a irretroatividade das leis tributárias; quis mais, estabeleceu muito mais: previu um lapso de tempo chamado *vacatio constitucionis*, em benefício da previsibilidade, por parte do contribuinte, relativamente às exigências fiscais, com o que haveria de arcar no exercício seguinte".[56]

Destaque-se, por oportuno, que o art. 3º, III, da Lei Complementar nº 95/1998 prescreve que as leis devem possuir cláusula de revogação. Entretanto, a doutrina entende que prevalece a previsão do art. 2º, § 1º,[57] da Lei de Introdução ao Código Civil, segundo a qual "lei posterior revoga a anterior quando trate de toda a matéria tratada pela lei anterior, quando tenha com ela incompatibilidades ou quando contenha expressa previsão de revogação".

O art. 18 da lei Complementar nº 95/1998 prescreve que aquela lei que não cumprir todos os requisitos ali elencados, desde que tenha passado por regular processo legislativo, possui validade.

Quando uma norma revoga outra, via de regra, a antiga lei perde a vigência e sua eficácia. Da mesma forma, a não recep-

---

[56] MACHADO, Hugo de Brito. *Comentários ao Código Tributário Nacional*, 2008, op. cit., p. 106-107.
[57] Decreto-Lei nº 4.657/1942: "Art. 2º. Não se destinando à vigência temporária, a lei terá vigor até que outra a modifique ou revogue. [...]. § 1º. A lei posterior revoga a anterior quando expressamente o declare, quando seja com ela incompatível ou quando regule inteiramente a matéria de que tratava a lei anterior".

ção da norma pela CRFB/1988 vale como revogação, ou seja, produz os mesmos efeitos. A doutrina, entretanto, não sustenta a ideia de que revogação e não recepção sejam iguais, uma vez que a não recepção é a perda de fundamento de validade e a revogação se dá entre normas de mesma hierarquia, mesmo que a consequência prática, qual seja, a expurgação do ordenamento jurídico, seja a mesma.

Vacatio legis é o período entre a publicação e a vigência, no qual se dá ciência da norma aos administrados. Esse período depende da importância da norma, conforme disposição do art. 8º da Lei Complementar nº 95/1998, segundo a qual só é necessária cláusula expressa de vigência em normas que não sejam de pequena repercussão.

Aplicação da norma tributária

Em regra geral, a aplicabilidade da norma tributária observa o *tempus regit actum*, previsto no art. 105 do CTN, segundo o qual o fato é regido pela norma vigente à sua época, *verbis*:

> Art. 105. A legislação tributária aplica-se imediatamente aos fatos geradores futuros e aos pendentes, assim entendidos aqueles cuja ocorrência tenha tido início, mas não esteja completa nos termos do artigo 116.

> Art. 116. Salvo disposição de lei em contrário, considera-se ocorrido o fato gerador e existentes os seus efeitos:
> I - tratando-se de situação de fato, desde o momento em que se verifiquem as circunstâncias materiais necessárias a que produza os efeitos que normalmente lhe são próprios;
> II - tratando-se de situação jurídica, desde o momento em que esteja definitivamente constituída, nos termos de direito aplicável.

Parágrafo único. A autoridade administrativa poderá desconsiderar atos ou negócios jurídicos praticados com a finalidade de dissimular a ocorrência do fato gerador do tributo ou a natureza dos elementos constitutivos da obrigação tributária, observados os procedimentos a serem estabelecidos em lei ordinária. (Incluído pela Lcp nº 104, de 2001.)

Tempus regit actum, por sua vez, significa que o fato será regido pela norma vigente à sua época. Trata-se de cláusula geral de aplicabilidade das normas. Existem, no entanto, duas exceções ao tempus regit actum, quais sejam, as hipóteses de retroatividade e ultratividade.

Há quem diga que o supramencionado art. 105 do CTN fere o princípio da irretroatividade. Os fatos pendentes são aqueles que já se iniciaram, mas não se completaram. Se entendermos que o fato gerador já iniciado é um fato gerador já ocorrido, o art. 105 vai de encontro à irretroatividade, mas, se entendermos que um fato gerador já iniciado não pode ser tido como integralmente ocorrido, o art. 105 não fere o princípio da irretroatividade.[58] Pode-se dizer que o art. 105 é a visão do CTN sobre o tempus regit actum.

Nos casos dos tributos com fatos geradores ou complexivos, tal como o IR, cujo fato gerador inicia no primeiro dia do ano-base, a lei a ser aplicada será aquela publicada no exercício anterior.[59] Entendimento diverso foi consubstanciado na Súmula nº 584 do STF ("Ao imposto de renda calculado sobre os rendimentos do ano-base, aplica-se a lei vigente no exercício

---

[58] O art. 150, III, "a" e "b", da CRFB/1988 prevê: "Sem prejuízo de outras garantias asseguradas ao contribuinte, é vedado à União, aos Estados, ao Distrito Federal e aos Municípios: [...] III - cobrar tributos: a) em relação a fatos geradores ocorridos antes do início da vigência da lei que os houver instituído ou aumentado; b) no mesmo exercício financeiro em que haja sido publicada a lei que os instituiu ou aumentou".
[59] ROSA JR., Luiz Emygdio F. da. *Manual de direito financeiro e direito tributário*, 2009a, op. cit., p. 250

financeiro em que deve ser apresentada a declaração"), porém esta não mais vigora – tendo em vista a limitação ao poder de tributar constante no art. 150, III, "a", da Constituição Federal e a disposição do art. 105 do CTN.

O art. 106 do CTN prevê a aplicação retroativa da norma tributária em qualquer hipótese no caso de leis interpretativas ou em se tratando de ato não definitivamente julgado no caso de leis mais favoráveis aos infratores tributários, consagrando o princípio da *lex mitior*.

A lei interpretativa aplica-se retroativamente conforme previsão do inciso I do art. 106. Uma lei interpretativa se presta a dirimir dúvidas dos administrados, não podendo gerar punição para aqueles que observaram a lei de forma diversa antes de sua publicação. Não há limite para retroação da lei interpretativa.

A ideia de uma lei "expressamente retroativa" indica a possibilidade de retroatividade tendo em vista que o escopo da lei não é propriamente regular, uma situação pretérita, mas dá sentido a um texto de lei anteriormente vigente. Se a lei é interpretativa, pressupõs o Código Tributário Nacional que, antes de sua edição, havia dúvida acerca da interpretação adequada. Ora, como o artigo 112 daquele Código impõe que a lei que disponha sobre infração em matéria tributária seja interpretada de modo mais benéfico para o sujeito passivo, é de toda lógica que se a interpretação acolhida pelo legislador for mais gravosa que sua alternativa, dali não decorra qualquer punição se, antes da edição da lei interpretativa, o sujeito passivo adotara comportamento conforme interpretação que lhe era mais benéfica.[60]

[...] assumir a possibilidade de que uma dada lei seja meramente interpretativa pressupõe conceber que a entrada desse veículo

---

[60] SCHOUERI, Luís Eduardo. *Direito tributário*, 2011, op. cit., p. 681.

normativo no sistema jurídico não altera as relações jurídicas advindas da lei interpretada, não modifica o status das relações jurídicas em andamento, dado que se assim não fosse a lei teria natureza modificativa (e não interpretativa), alterando a realidade e só podendo ser aplicada a fatos futuros (BOMFIM, Diego Marcel. Cide-Tecnologia: Análises das Alterações Promovidas pela Lei nº 11.452/07. RDDT 155, ago. 2008, p. 26).[61]

O Superior Tribunal de Justiça, no julgamento do EREsp nº 437.379/MG, posteriormente confirmado pelo STF, determinou que a Lei Complementar nº 118/2005, em seu art. 3º, trouxe modificações e não interpretação estrito senso, motivo pelo qual sua previsão não se podia aplicar retroativamente.

CONSTITUCIONAL. TRIBUTÁRIO. REPETIÇÃO DE INDÉBITO. TRIBUTOS SUJEITOS A LANÇAMENTO POR HOMOLOGAÇÃO. PRAZO PRESCRICIONAL. LC 118/2005. INCONSTITUCIONALIDADE DA APLICAÇÃO RETROATIVA.

1. Sobre a prescrição da ação de repetição de indébito tributário de tributos sujeitos a lançamento por homologação, a jurisprudência do STJ (1ª Seção) assentou o entendimento de que, no regime anterior ao do art. 3º da LC 118/05, o prazo de cinco anos, previsto no art. 168 do CTN, tem início, não na data do recolhimento do tributo indevido, e sim na data da homologação – expressa ou tácita – do lançamento. Assim, não havendo homologação expressa, o prazo para a repetição do indébito acaba sendo de dez anos a contar do fato gerador.

2. A norma do art. 3º da LC 118/05, que estabelece como termo inicial do prazo prescricional, nesses casos, a data do pagamento indevido, não tem eficácia retroativa. É que a Corte Especial, ao

---

[61] PAULSEN, Leandro. *Direito tributário*, 2010, op. cit., p. 852.

apreciar Incidente de Inconstitucionalidade no Eresp 644.736/PE, sessão de 06/06/2007, DJ 27.08.2007, declarou inconstitucional a expressão "observado, quanto ao art. 3º, o disposto no art. 106 I, da Lei nº 5.172, de 25 de outubro de 1966 – Código Tributário Nacional", constante do art. 4º, segunda parte, da referida Lei Complementar.

3. Embargos de divergência a que se nega provimento.[62]

A outra hipótese de retroatividade é para lei mais benéfica ao infrator tributário. Se o ato não for definitivamente julgado, o infrator tem direito à retroação benigna. Ato definitivamente julgado é aquele em que tenha havido decisão de mérito do Poder Judiciário transitada em julgado ou extinção do crédito tributário.

Ilustram tal entendimento os seguintes julgados do Superior Tribunal de Justiça[63] e do Supremo Tribunal Federal:[64]

1. Ementa: PROCESSUAL CIVIL. TRIBUTÁRIO. PREMISSA EQUIVOCADA. SÚMULA 284/STF. INAPLICABILIDADE. TRIBUTÁRIO. EXECUÇÃO FISCAL. COBRANÇA DE CRÉDITO TRIBUTÁRIO. MULTA. REDUÇÃO PARA 20%. ART. 35 DA LEI N. 8.212/91 E ART. 106, II, "C", DO CTN. APLICAÇÃO DA LEGISLAÇÃO MAIS BENÉFICA. PRECEDENTES. HONORÁRIOS. CABIMENTO.

1. *Tratando-se de ato não definitivamente julgado, aplica-se a lei mais benéfica ao contribuinte, para redução de multa, conforme dispõe o art. 106, inciso II, alínea "c", do CTN.*
2. *O art. 35 da Lei n. 8.212/91 foi alterado pela Lei n. 11.941/09, devendo o novo percentual aplicável à multa seguir o patamar de*

---

[62] BRASIL. Superior Tribunal de Justiça. EREsp nº 437.379-MG. Primeira Seção. Relator: ministro Teori Albino Zavascki. Julgamento em 24 de outubro de 2007. *DJ*, 19 nov. 2007.
[63] Disponível em: <www.stj.jus.br>. Acesso em: 30 jan. 2014.
[64] Disponível em: <www.stj.jus.br>. Acesso em: 30 jan. 2014.

20% que, sendo mais propícia ao contribuinte, deve ser a ele aplicado, por se tratar de lei mais benéfica, cuja retroação é autorizada com base no art. 106, II, do CTN.

3. Precedentes: AgRg no AREsp 185.324/SP, Rel. Min. Herman Benjamin, Segunda Turma, DJe 27.8.2012; AgRg no REsp 1216186/RS, Rel. Min. Humberto Martins, Segunda Turma, DJe 16/5/2011; REsp 1117701/SP, Rel. Ministra Eliana Calmon, Segunda Turma, DJe 19/10/2009.

4. O art. 35 da Lei n. 8.212/91, com a redação anterior à Lei n. 11.940/09, não distingue a aplicação da multa em decorrência da sua forma de constituição (de ofício ou por homologação), hipótese prevista tão somente com o advento da Lei n. 11.940/09, que introduziu o art. 35-A à Lei de Custeio da Seguridade Social, restringindo sua incidência aos casos ocorridos após sua vigência, sob pena de retroação.

5. É firme o entendimento no sentido de que a procedência do incidente de exceção de pré-executividade, ainda que resulte apenas na extinção parcial da execução fiscal ou redução de seu valor, acarreta a condenação na verba honorária. Precedentes. Embargos de declaração acolhidos, com efeitos modificativos.[65]

2. Ementa: TRIBUTÁRIO. ICMS. REDUÇÃO DE BASE DE CÁLCULO. ISENÇÃO PARCIAL. ESTORNO PROPORCIONAL DO CRÉDITO. JURISPRUDÊNCIA DO STF. MULTA. LEI SUPERVENIENTE. RETROATIVIDADE BENIGNA.

1. O benefício fiscal de redução da base de cálculo equivale à isenção parcial, sendo devido o estorno proporcional do crédito de ICMS, nos termos do art. 155, § 2º, II, "b", da CF, não havendo [sic] falar em ofensa ao princípio da não cumulatividade. Precedentes do STF.

---

[65] BRASIL. Superior Tribunal de Justiça. EDcl no AgRg no REsp nº 1.275.297/SC. Relator: ministro Humberto Martins. Segunda Turma. Julgamento em 3 de dezembro de 2013. DJe, 10 dez. 2013, grifos nossos.

2. Os convênios do ICMS têm a função de uniformizar, em âmbito nacional, a concessão de isenções, incentivos e benefícios fiscais pelos Estados (art. 155, § 2º, XII, "g", da CF/1988). Em última análise, trata-se de instrumento que busca conferir tratamento federal uniforme em matéria de ICMS, como forma de evitar a denominada guerra fiscal.

3. Nos termos da cláusula primeira, § 1º, do Convênio ICMS 128/1994, ficam os Estados e o Distrito Federal autorizados a não exigir a anulação proporcional do crédito prevista no inciso II do artigo 32 do Anexo Único do Convênio ICM 66/88, de 14 de dezembro de 1988, nas operações de que trata o *caput* desta cláusula.

4. A teleologia do instituto e a própria literalidade da norma revelam que a hipótese é de mera autorização, de modo que não há obstáculo a que a legislação estadual impeça o aproveitamento integral do crédito.

5. *O art. 106, II, "c", do CTN, estabelece que a lei tributária deve retroagir quando cominar penalidade menos severa que a prevista na lei vigente ao tempo da sua prática, razão pela qual há que ser reduzida a sanção, nos termos do superveniente Decreto 27.487/2004.*

6. Recurso Ordinário parcialmente provido.[66]

3. TRIBUTÁRIO. BENEFÍCIO DA LEI 1.687-79, ART-5. REDUÇÃO DA MULTA PARA 5%. ATO DEFINITIVAMENTE JULGADO – ARTIGO 106 II, 'C', DO CTN. SE A DECISÃO ADMINISTRATIVA AINDA PODE SER SUBMETIDA AO CRIVO DO JUDICIÁRIO, E PARA ESTE HOUVE RECURSO DO CONTRIBUINTE, NÃO HÁ DE SE TER O ATO ADMINISTRA-

---

[66] BRASIL. Superior Tribunal de Justiça. RMS nº 39.554/CE. Relator: ministro Herman Benjamin. Segunda Turma. Julgamento em 4 de abril de 2013. *DJe*, 10 maio 2013, grifos nossos.

TIVO AINDA COMO DEFINITIVAMENTE JULGADO, SENDO ESTA A INTERPRETAÇÃO QUE HÁ DE DAR-SE AO ART-106, II, 'C' DO CTN. E NÃO HAVENDO AINDA JULGAMENTO DEFINITIVO, AS MULTAS PREVISTAS NOS ARTS. 80 E 81 DA LEI N. 4502/64, COM A REDAÇÃO DADA PELO ART-2, ALTERAÇÕES 22 E 23 DO DECRETO-LEI N. 34/66, FICAM REDUZIDAS PARA 5% SE O DÉBITO RELATIVO AO IPI HOUVER SIDO DECLARADO EM DOCUMENTO INSTITUÍDO PELA SECRETARIA DA RECEITA FEDERAL OU POR OUTRA FORMA CONFESSADO, ATÉ A DATA DA PUBLICAÇÃO DO DECRETO-LEI 1680-79, SEGUNDO O BENEFÍCIO CONCEDIDO PELO ART-5. DA LEI 1687/79. ACÓRDÃO QUE ASSIM DECIDIU E DE SER CONFIRMADO.[67]

4. Ementa: EMBARGOS DE DECLARAÇÃO CONVERTIDOS EM AGRAVO REGIMENTAL. CONSTITUCIONAL E TRIBUTÁRIO. CONTRIBUIÇÃO DE 0,2% SOBRE A FOLHA DE SALÁRIOS DESTINADA AO INCRA. ALEGAÇÃO DE VIOLAÇÃO AO ARTIGO 149 DA CONSTITUIÇÃO FEDERAL. AUSÊNCIA DE REPERCUSSÃO GERAL. 1. Os embargos de declaração opostos objetivando reforma da decisão do relator, com caráter infringente, devem ser convertidos em agravo regimental, que é o recurso cabível, por força do princípio da fungibilidade. Precedentes: Pet 4.837-ED, rel. Min. CÁRMEN LÚCIA, Tribunal Pleno, DJ 14.3.2011; Rcl 11.022-ED, rel. Min. CÁRMEN LÚCIA, Tribunal Pleno, DJ 7.4.2011; AI 547.827-ED, rel. Min. DIAS TOFFOLI, 1ª Turma, DJ 9.3.2011; RE 546.525-ED, rel. Min. ELLEN GRACIE, 2ª Turma, DJ 5.4.2011. 2. A controvérsia referente à constitucionalidade da exigência de contribuição

---

[67] BRASIL. Superior Tribunal de Justiça. RE nº 95.900. Relator: ministro Aldir Passarinho. Segunda Turma. Julgamento em 4 de dezembro de 1984. DJ, 8 mar. 1985, PP-02602. EMENT VOL-01369-02, PP-00414. RTJ VOL-00114-01. PP-00249.

social de 0,2% sobre a folha de salários das empresas urbanas destinada ao INCRA teve a sua repercussão geral rejeitada pelo Plenário desta Corte Suprema, uma vez que a matéria está restrita ao interesse das empresas urbanas eventualmente contribuintes desta exação, não alcançando, portanto, a sociedade como um todo (RE 578.635-AgR, Relator o Ministro Menezes Direito, DJ de 17.10.08). Precedentes: RE 634.074-ED, Primeira Turma, Rel. Min. Ricardo Lewandowski, DJe de 26.05.2011; RE 598.180-AgR, Primeira Turma, Rel. Min. Marco Aurélio, DJe de 11.02.2011; AI 700.833-AgR, Segunda Turma, Rel. Min. Celso de Mello, DJe de 03.04.2009. 3. *In casu*, o acórdão originalmente recorrido assentou: EMBARGOS À EXECUÇÃO FISCAL. CONTRIBUIÇÃO PARA O INCRA, PARA O SEBRAE E PARA O SAT. MULTA. TAXA SELIC. MULTA MORATÓRIA. 1. A contribuição para o INCRA não foi extinta pelas LL 7.789/1989 e 8.212/1991, ambas reguladoras do custeio previdenciário. 2. As contribuições ao SEBRAE devem ser suportadas por toda a coletividade independentemente de qualquer identidade com o fomento a que objetiva a instituição beneficiada com o tributo. 3. A jurisprudência do STF reconhece a constitucionalidade da Contribuição Social do Seguro de Acidente do Trabalho – SAT. 4. *Multa aplicada nos termos do art. 35 da L 8.212/1991, com a observância do disposto na letra "c" do inc. II do art. 106 do CTN, que admite retroatividade da lei tributária quando comine ao fato pretérito penalidade menos severa que a prevista na lei vigente ao tempo da sua prática.* 5. A Taxa Selic não padece de mácula de ilegalidade ou inconstitucionalidade. 6. Agravo regimental a que se nega provimento.[68]

Relevante salientar ainda que a aplicação retroativa da legislação tributária deve ocorrer apenas nos casos previstos no

---

[68] BRASIL. Supremo Tribunal Federal. AI nº 849.045 ED. Relator: ministro Luiz Fux. Primeira Turma. Julgamento em 13 de março de 2012. Acórdão Eletrônico. DJe-066, grifo nosso. Divulg. 30 mar. 2012. Public. 2 abr. 2012.

art. 106, I e II, do CTN,[69] *numerus clausus*, já que a retroação da lei é medida excepcional.[70] Dessa forma, a retroação da lei será permitida:

> I - em qualquer caso, quando seja expressamente interpretativa, excluída a aplicação de penalidade à infração dos dispositivos interpretados;
> II - *tratando-se de ato não definitivamente julgado*:
> a) quando deixe de defini-lo como infração;
> b) quando deixe de tratá-lo como contrário a qualquer exigência de ação ou omissão, desde que não tenha sido fraudulento e não tenha implicado em falta de pagamento de tributo;
> c) quando lhe comine penalidade menos severa que a prevista na lei vigente ao tempo da sua prática [grifos nossos].

Questões de automonitoramento

1) Após ler este capítulo, você é capaz de resumir o caso gerador do capítulo 7, identificando as partes envolvidas, os problemas atinentes e as soluções cabíveis?

2) Estando o Brasil em iminência de guerra externa, a Lei Federal nº 3.633 instituiu, em 20 de dezembro de 2003, imposto

---

[69] A respeito da aplicação retroativa permitida no referido inciso, importante é destacar o seguinte ensinamento: "Não se há de confundir 'retroativa' nos termos do art. 106, II, com anistia, regulada nos arts. 180 a 182 do Código. Embora em ambas as hipóteses ocorra a aplicação de lei *nova* que elide efeitos da incidência de lei anterior, na anistia não se opera alteração ou revogação da lei antiga. Não ocorre mudança na qualificação jurídica do ilícito. O que era infração continua como tal. Apenas fica extinta a punibilidade relativamente a certos fatos. A anistia, portanto, não é questão pertinente ao *direito intertemporal*, que se coloque para o intérprete. A lei da anistia certamente alcança fatos do passado. Aliás, só alcança fatos do passado. Assim, é retroativa por natureza, mas a questão de direito intertemporal, em leis desse tipo, está resolvida pelo legislador" (MACHADO, Hugo de Brito. *Curso de direito tributário*. 32. ed. São Paulo: Malheiros, 2011. p. 100).

[70] ROSA JR., Luiz Emygdio F. da. *Manual de direito financeiro e direito tributário*, 2009a, op. cit., p. 250.

com base na competência extraordinária da União (art. 154, II), sem que haja na lei instituidora cláusula de vigência. Pergunta-se: a partir de que data poderá ser cobrado o imposto?

3) Um contribuinte foi autuado em 2001 pelo descumprimento de uma obrigação acessória, prevista na Lei nº 515/1998, de apresentar três livros fiscais obrigatórios, visto que apresentou apenas um dos três, tendo sido multado em R$ 2.500,00. Cabe ressaltar que havia dúvida na administração e entre os contribuintes se os três livros necessários seriam os livros A, B e C ou se seriam os livros A, B e D. O contribuinte apresentou defesa e recursos administrativos, que foram improvidos, encerrando-se a esfera administrativa e tendo sido, em seguida, ajuizada uma execução fiscal para a cobrança do crédito.

Em 2003 advém uma lei interpretativa dizendo que os livros mencionados na Lei nº 515/1998 seriam os livros A, B e D. Já em 2004, no momento em que acabam de ser penhorados os bens do contribuinte na execução fiscal, advém uma lei que anula a infração pela não apresentação dos três livros. A Fazenda prossegue, porém, na cobrança, dizendo que o ato já está definitivamente julgado. Há algo que possa ser alegado em favor do contribuinte?

4) Pense e descreva, mentalmente, alternativas para a solução do caso gerador do capítulo 7.

3

Interpretação e integração

Roteiro de estudo

Introdução

A lei tributária não difere de nenhuma outra em matéria de interpretação. Antigamente, havia uma tendência a interpretar a lei tributária de maneira diferente, beneficiando o fisco ou o contribuinte em determinadas situações. Estamos em uma fase pós-positivista, cuja ideia é a de que a interpretação da lei deve levar em conta os princípios, os quais nem sempre estão na lei. A interpretação da legislação tributária não difere de outros ramos do direito, não podendo tender a beneficiar o fisco ou o contribuinte. A interpretação deve ocorrer no momento de aplicação da lei. Interpretar uma lei é identificar seu alcance e sentido.

Interpretação e integração não se confundem. A interpretação encontra como limite as possibilidades oferecidas pelo sentido literal linguisticamente possível, não podendo extrapolar os limites que estão escritos. Quando não existe disposição escrita, não há o que interpretar, e cria-se um direito para aquela hipótese, o que se denomina "integração".

A integração inicia-se quando a interpretação não tem espaço em razão da ausência de texto normativo. Ela tem espaço para além das possibilidades de interpretação, revelando-se pelo preenchimento das lacunas contrárias ao plano do legislador e do desenvolvimento (o direito para além da lei).

Uma lei interpretativa é fruto de uma interpretação autêntica, ou seja, a interpretação é feita pelo próprio ente que criou a lei. Não é função do Legislativo fazer a interpretação da lei; portanto, a interpretação autêntica sempre será vista com ressalvas. Atos declaratórios interpretativos têm caráter normativo e são equivalentes a uma lei interpretativa (interpretação autêntica) no âmbito da Receita Federal quando interpretativos de uma Instrução Normativa, por exemplo. Quando os atos declaratórios interpretativos interpretam uma lei, por sua vez, não são equivalentes a uma interpretação autêntica.

A lei interpretativa aplica-se desde o momento em que entra em vigor a lei interpretada; por isso se diz que possui efeitos retroativos, conforme previsão do art. 106, I, do CTN.

Foram superados os critérios apriorísticos, *in dubio pro fiscum* (teoria da consideração econômica do fato gerador) ou *in dubio contra fiscum* (contribuintes, na esfera de sua autonomia privada, poderiam fazer, sem o ônus fiscal, tudo o que não fosse expressamente previsto na lei – autores de índole formalista).

Ainda existe, entretanto, o dogma da supremacia do interesse público prevalecendo sobre o interesse privado. Isso, entretanto, está sendo relativizado para obrigar a administração a observar cada caso concreto. Não se trata de um critério apriorístico de *in dubio pro fisco*, mas a lei já nasce como uma presunção de validade, e o contribuinte tem o dever de provar o contrário.

A atividade hermenêutica

De acordo com Karl Engisch,[71] "a tarefa da interpretação é fornecer ao jurista o conteúdo e o alcance (extensão) dos conceitos jurídicos". Segundo o referido autor, o conteúdo se prende às conotações conceituais, e o alcance, à definição dos grupos de indivíduos que irão se subsumir na norma. Para Larenz a interpretação consiste na "mediação, pela qual o intérprete traz à compreensão o sentido do texto que se lhe torna problemático".[72]

O festejado autor alemão, em sua famosa metodologia da ciência do direito, buscou no círculo hermenêutico, desenvolvido por Hans-Georg Gadamer,[73] a partir das ideias de Heidegger, subsídios para um método de interpretação jurídica.

A compreensão da linguagem jurídica se dá com base no sentido que cada palavra inserida no texto possui. E esse sentido é, por sua vez, informado pelo sentido global do texto. À medida que o intérprete evolui na leitura, pode ocorrer de o sentido originalmente empregado para cada palavra ser modificado. Nesse caso, deve o leitor retornar aos pontos em que a palavra foi utilizada e reorientar sua interpretação com base no novo sentido. É que, para o início da atividade de interpretação, indispensável se torna uma compreensão prévia da matéria sobre a qual se vai estudar. Mas, a cada passo avançado no conhecimento do texto, o sentido adotado originalmente para a palavra, a partir da compreensão prévia, é muitas vezes substituído por um novo sentido oferecido pelo contexto estudado.[74]

---

[71] ENGISCH, Karl. *Introdução ao pensamento jurídico*. 7. ed. Trad. João Baptista Machado. Lisboa: Fundação Calouste Gulbenkian, 1996. p. 126.

[72] LARENZ, Karl. *Metodologia da ciência do direito*. 3. ed. Trad. José Lamego. Lisboa: Fundação Calouste Gulbenkian, 1997. p. 439.

[73] GADAMER, Hans-Georg. *Verdade e método*: traços fundamentais de uma hermenêutica filosófica. 3. ed. Petrópolis: Vozes, 1999. p. 400.

[74] Nesse sentido: GADAMER, Hans-Georg. *Verdade e método*, 1999, op. cit., p. 401-402.

Adaptando essa figura do círculo para a hermenêutica jurídica, Karl Larenz identifica essa compreensão prévia do trabalho desenvolvido pelos juristas das gerações anteriores, que contribuiu para que tanto a doutrina quanto a jurisprudência alcançassem seu desenvolvimento atual.[75] A primeira ideia que o aplicador tem da lei é dada por essa tradição jurídica, que, aos poucos, vai sendo substituída pelo conteúdo da própria lei a ser interpretada.

No entanto, como adverte Karl Larenz,[76] o trabalho do intérprete não se limita a subsumir o fato concreto à norma abstrata, uma vez que esta jamais poderá descrever a complexidade do caso concreto. Como mencionado, as proposições jurídicas poucas vezes se revelam por conceitos, assim entendidos como uma definição obtida mediante a indicação exaustiva de todas as notas distintivas que as caracterizam. O direito também se manifesta – e isso é muito mais comum – por meio de tipos e de pautas de valoração que carecem de preenchimento, cujo entendimento só se torna possível por ocasião da aplicação da norma.

É justamente para a compreensão dessas normas carecedoras de preenchimento que a interpretação vai bem além da mera subsunção do fato à norma, traduzindo-se em uma valoração. Mas a aplicação do direito não se consome na interpretação. Esta encontra como limite as possibilidades oferecidas pelo sentido literal linguisticamente possível.[77] Para além dessas, temos a integração, que se revela pelo preenchimento das lacunas contrárias ao plano do legislador e o desenvolvimento do direito para além da lei.[78]

---

[75] LARENZ, Karl. *Metodologia da ciência do direito*, 1997, op. cit., p. 289.
[76] Ibid., p. 300.
[77] Ibid., p. 454.
[78] Ibid., p. 524.

Métodos ou critérios de interpretação

Os métodos de interpretação foram classificados por Savigny, em lição reproduzida há gerações, em: gramatical, lógico, histórico e sistemático. No século XIX, os juristas ligados à jurisprudência dos interesses criaram o método teleológico, a se somar aos quatro citados.

Embora Savigny advertisse que os quatro métodos não poderiam ser escolhidos arbitrariamente pelo intérprete, por constituírem atividades a serem desenvolvidas conjuntamente,[79] a interpretação seguiu por caminhos que levaram, historicamente, à preponderância de um sobre os demais.

Na era da jurisprudência dos conceitos, predominou o método sistemático, pois, para o positivismo formalista, então reinante, o que não estava no sistema jurídico não interessava ao direito. Já na jurisprudência dos interesses, em que o importante não era a norma, mas a intenção reguladora e o fato social, o método teleológico imperava sobre todos os outros.

Modernamente, numa jurisprudência aberta aos valores, característica do pós-positivismo, há uma pluralidade metodológica, não existindo hierarquia entre os vários métodos[80] que, embora possam, por vezes, apontar para resultados contraditórios como assinalou Engisch,[81] constituem manifestações interdependentes na atividade hermenêutica.

Desse modo, a interpretação não se dá a partir da escolha de um critério, mas mediante um procedimento único em que o hermeneuta vai se utilizar de todos os métodos, prevalecendo,

---

[79] SAVIGNY apud ENGISCH, Karl. *Introdução ao pensamento jurídico*, 1996, op. cit., p. 145.

[80] Contra: CANARIS, Claus-Wilhelm. *Pensamento sistemático e conceito de sistema na ciência do direito*. 2. ed. Lisboa: Fundação Calouste Gulbenkian, 1996. p. 159. Defende a prevalência do método teleológico sobre os demais.

[81] ENGISCH, Karl. *Introdução ao pensamento jurídico*, 1996, op. cit., p. 145.

de acordo com o caso concreto, um ou outro. É justamente por isso que Larenz evita falar em métodos, preferindo a expressão pontos de vista diretivos.[82]

A pluralidade metodológica se revela num procedimento de interpretação que parte do sentido literal possível oferecido pelo texto e do contexto normativo em que a lei está inserida. A utilização desses dois primeiros critérios oferece alguns resultados possíveis na pesquisa do sentido das expressões da lei. Entre eles, prevalece aquele que se coadune com a intenção reguladora do legislador, com os fins teleológico-objetivos oferecidos pelas estruturas materiais do domínio da norma e com princípios ético-jurídicos imanentes. Todo esse procedimento encontrará como limite o sentido literal possível do texto, em uma das possibilidades fornecidas pela própria lei. Ultrapassado esse ponto, não há que se falar mais em interpretação; tão somente em integração ou desenvolvimento do direito para além da lei.[83]

A partir da utilização dos vários pontos de vista diretivos, num cenário em que impera a pluralidade metodológica, a atividade de interpretação é resultado de um processo científico de pesquisa do sentido da norma. Sendo essa pesquisa orientada por um sistema valorativo, composto por valores e princípios, são ineficazes as regras legais que oferecem critérios para a interpretação das leis.[84]

A ineficácia se revela devido à posição que tais regras ocupam dentro do sistema, devendo guardar compatibilidade com os valores e princípios imanentes ao caso concreto. Desse modo, ou bem tais regras constituiriam meras disposições declaratórias

---

[82] LARENZ, Karl. Metodologia da ciência do direito, 1997, op. cit., p. 450.
[83] Ibid., p. 485-487.
[84] No sentido do texto: LARENZ, Karl. Metodologia da ciência do direito, 1997, op. cit., p. 455; ENGISCH, Karl. Introdução ao pensamento jurídico, 1996, op. cit., p. 179; TORRES, Ricardo Lobo. Normas de interpretação e integração do direito tributário. 3. ed. rev. e atual. Rio de Janeiro: Renovar, 2000. p. 276.

desses valores e princípios – o que não raro seria impossível, dada a fluidez desses, que muitas vezes só vão ganhar concretude diante da norma a ser interpretada –, ou acabariam por colidir com essas diretrizes axiológicas orientadoras da pesquisa do sentido da norma interpretada, padecendo assim de ilegitimidade.

Os métodos não se confundem com os resultados da interpretação. Dependendo da interpretação, surgem determinados resultados, quais sejam, interpretação restritiva, extensiva e estrita.

Método literal/gramatical

O método literal consiste na leitura do texto normativo. Trata-se do exame do texto legal, visando buscar o significado do termo ou de uma cadeia de palavras no uso linguístico geral, ou no uso especial conferido à expressão por outro ramo do direito ou até mesmo por outra ciência.

A utilização do método de interpretação literal leva sempre ao resultado da interpretação estrita. A interpretação literal nunca pode ser a única, pois através dela não é possível identificar o objetivo do legislador.

A utilização do sentido linguístico geral é mais comum, pois a norma é feita para ser compreendida por toda a sociedade, e não só pelos indivíduos mais cultos ou conhecedores da linguagem jurídica. No entanto, quando os termos obtiverem um significado específico em outro ramo do direito ou em outra ciência, este precederá ao uso comum, em nome do princípio da unidade da ordem jurídica, salvo se os outros métodos de interpretação apontarem em sentido contrário.[85] Desse modo,

---

[85] LARENZ, Karl. *Metodologia da ciência do direito*, 1997, op. cit., p. 485. No mesmo sentido do texto: ENGISCH, Karl. *Introdução ao pensamento jurídico*, 1996, op. cit., p. 139; FERRARA, Francesco. *Interpretação e aplicação das leis*. 4. ed. Coimbra: Armênio Amado, 1987. p. 139. Contra: PEREZ DE AYALA, Jose Luis. *Derecho tributario I*. Madri: Editorial de Derecho Financiero, 1968. p. 109, para quem não se pode estabelecer um

a existência de uma acepção especial para o conceito, muito embora quase nunca elimine a existência de mais de uma possibilidade interpretativa, reduz o número de variantes possíveis a serem resolvidas pelos outros métodos.[86] Nas palavras do professor Luciano Amaro:

> As formas de suspensão da exigibilidade do crédito tributário (primeira das matérias sobre as quais o Código reclama a interpretação literal) são indicadas no art. 151 (moratória, depósito, reclamações e recursos administrativos, liminar em mandado de segurança, medida liminar ou tutela antecipada em outras espécies de ação judicial e parcelamento) e as figuras que o Código arrola como modos de "exclusão do crédito tributário" constam do art. 175 (isenção e anistia). Nessas matérias, quer o Código que o intérprete se guie preponderantemente pela letra da lei, sem aplicar seus comandos nem aplicar a integração analógica ou a interpretação extensiva.[87]

O sentido literal possível, a partir das várias acepções que o texto interpretado possui, seja na linguagem comum, seja na linguagem especial, constitui o limite da atividade de interpretação. Ultrapassada a franja marginal dos conceitos, como vimos, temos a integração e a complementação do direito. Ou seja, a interpretação não pode ter como resultado outra solução que não um dos vários significados fornecidos pelas palavras empregadas pelo legislador.

Os casos em que deve ser aplicada a interpretação literal estão previstos no art. 111 do Código Tributário Nacional (CTN),[88]

---

critério *a priori*; BERLIRI, Antonio. *Principi di diritto tributario*. Milano: Dott. A. Giuffré, 1952. v. I, p. 63, que defende a prevalência das expressões de uso comum.
[86] LARENZ, Karl. *Metodologia da ciência do direito*, 1997, op. cit., p. 452.
[87] AMARO, Luciano. *Direito tributário brasileiro*. 16. ed. São Paulo: Saraiva, 2010. p. 247.
[88] "Art. 111. Interpreta-se literalmente a legislação tributária que disponha sobre: I - suspensão ou exclusão do crédito tributário; II - outorga de isenção; III - dispensa do cumprimento de obrigações tributárias acessórias."

ou seja, a compreensão estrita deve ser aplicada aos preceitos "que cuidam de suspensão ou exclusão de crédito tributário, isenções e dispensa de obrigações acessórias".[89]

O sentido "literal", contido no referido dispositivo, deve ser entendido como "não extensivo", conforme os ensinamentos doutrinários a seguir transcritos:

> Ao determinar, nesse dispositivo, que a interpretação de normas relativas à suspensão ou exclusão do crédito tributário, à outorga de isenção e à dispensa do cumprimento de obrigações acessórias seja "literal", o legislador provavelmente quis significar "não extensiva", vale dizer, sem alargamento dos seus comandos, uma vez que o padrão em nosso sistema é a generalidade da tributação e, também das obrigações acessórias, sendo taxativas as hipóteses de suspensão da exigibilidade do crédito tributário e de anistia. Em outras palavras, quis prestigiar os princípios da isonomia e da legalidade tributárias (COSTA, Regina Helena. *Curso de direito tributário*. Saraiva, 2009. p. 164).[90]

Ademais, conforme ressalta a doutrina, o art. 111, ao conceber o princípio da legalidade tributária, objetiva impedir o "recurso à analogia e à equidade, como formas de integração".[91]

Nesse sentido, vide Súmula nº 100 do STJ: "É devido o Adicional ao Frete para Renovação da Marinha Mercante na importação sob o regime de benefícios fiscais à exportação". Conforme ressalta L. Emygdio, "a isenção só pode ser reconhe-

---

[89] COÊLHO, Sacha Calmon Navarro. *Curso de direito tributário brasileiro*. 11. ed. rev. e atual. Rio de Janeiro: Forense, 2011. p. 580-581.

[90] PAULSEN, Leandro. *Direito tributário*: Constituição e Código Tributário à luz da doutrina e da jurisprudência. 12. ed. Porto Alegre: Livraria do Advogado, 2010. p. 884-885.

[91] TORRES, Ricardo Lobo. *Normas de interpretação e integração do direito tributário*, op. cit., p. 102-103, apud ROSA JR., Luiz Emygdio F. da. *Manual de direito financeiro e direito tributário*. 21. ed. rev. e atual. Rio de Janeiro: Renovar, 2009a. p. 266-267.

cida em favor do contribuinte quando estiver expressa em lei, não se admitindo recurso à analogia ou interpretação extensiva para enquadrar situações não previstas em lei".[92]

Ressalta Sacha Calmon:[93]

> Interpretação literal não é interpretação mesquinha ou meramente gramatical. Interpretar estritamente é não utilizar interpretação extensiva. Compreenda-se. Todas devem, na medida do possível, contribuir para manter o *Estado*. As exceções devem ser compreendidas com extrema rigidez.

Importante ilustrar o posicionamento dos tribunais superiores com relação à aplicação do art. 111, I e II, do CTN:

1) Interpretação literal de legislação tributária que disponha sobre suspensão ou exclusão do crédito tributário.

> TRIBUTÁRIO. REFIS. INADIMPLÊNCIA PARCIAL. PAGAMENTOS ÍNFIMOS. *EXCLUSÃO*. POSSIBILIDADE. ART. 5, II, DA LEI N. 9.964/00.
> *INTERPRETAÇÃO LITERAL*. PAGAMENTO POSTERIOR DAS DIFERENÇAS. HIPÓTESE NÃO PREVISTA DE REINCLUSÃO.
> 1. O parcelamento de débito fiscal é um favor conferido ao contribuinte. Dessa forma, aquele que opta pelo programa Refis, nos termos do art. 3º, incisos IV e VI, da Lei n. 9.964/00, fica sujeito à aceitação plena e irretratável de todas as condições nele estabelecidas, sobretudo ao pagamento regular das parcelas do débito consolidado, bem assim dos tributos e das contribuições com vencimento posterior a 29 de fevereiro de 2000.

---

[92] ROSA JR., Luiz Emygdio F. da. *Manual de direito financeiro e direito tributário*, 2009a, op. cit., p. 267.
[93] COÊLHO, Sacha Calmon Navarro. *Curso de direito tributário brasileiro*, 2011, op. cit., p. 581, grifo no original.

2. O art. 5º, II, da Lei n. 9.964/00 impõe a exclusão da pessoa jurídica optante pelo Refis em caso de inadimplência por três meses consecutivos ou seis alternados, o que ocorrer primeiro. O referido dispositivo não fez diferença entre inadimplência total ou parcial da parcela devida, de forma que o julgador deve dar interpretação literal ao teor da lei, *eis que assim devem ser interpretadas as normas que tratam de suspensão da exigibilidade do crédito tributário, nos termos do art. 111, I, do CTN*. No caso em tela, não tratou de simples pagamento a menor das parcelas, mas sim de pagamentos "a menor, e muito", nos termos do acórdão recorrido (fl. 145).
3. Consoante à redação do art. 155-A, do CTN, "o parcelamento será concedido na forma e condição estabelecida em lei específica", no caso do Refis, a Lei n. 9.964/00, a qual não prevê que o pagamento das diferenças apuradas implica reinclusão no programa. Portanto, em face da especialidade da norma relativa ao parcelamento, do caráter de favor fiscal do qual se reveste o Refis e da necessária interpretação literal que lhe deve ser dada, não há espaço para que o Poder Judiciário, valendo-se dos princípios da razoabilidade e proporcionalidade previstos no art. 2º da Lei n. 9.784/99, obrigue o administrador a reincluir a pessoa jurídica no programa, ainda que à vista de pagamento posterior das diferenças. Nesse sentido: AgRg no REsp 711.178/RS, Rel. Ministro Humberto Martins, Segunda Turma, DJe 29/10/2008.
4. Recurso especial provido. Invertidos os ônus da sucumbência.[94]

PROCESSUAL CIVIL E TRIBUTÁRIO. RECURSO ESPECIAL. ADESÃO AO REFIS. GARANTIA. ADMISSIBILIDADE DA ANTICRESE, DESDE QUE COMPROVADA A PROPRIEDADE

---

[94] Brasil. Superior Tribunal de Justiça. REsp nº 1.227.055/PR. Relator: ministro Mauro Campbell Marques. Segunda Turma. Julgamento em 17 de fevereiro de 2011. *DJe*, 10 mar. 2011, grifos nossos.

DO BEM. ART. 11 DO DECRETO 3.431/2000. *INTERPRETA-ÇÃO LITERAL (ART. 111 DO CTN).* TITULAR DO DIREITO DE OCUPAÇÃO. IMPOSSIBILIDADE. RECUSA DA SEGUNDA GARANTIA. FUNDAMENTO NÃO IMPUGNADO SUFICIENTE À MANUTENÇÃO DA DECISÃO. SÚMULA 283 DO STF. VIOLAÇÃO DO ART. 535 DO CPC NÃO CONFIGURADA.
1. *O art. 111, I do CTN, determina a interpretação literal da lei ou de seus dispositivos, quando versarem sobre a suspensão ou a exclusão do crédito tributário, razão pela qual impõe-se observar o teor estrito do art. 11, do Decreto 3.431/2000 (que regulamenta a execução do REFIS), no que concerne à prova da condição de propriedade do imóvel dado em anticrese.*
2. O art. 11, do Decreto 3.431/2000, admitiu a anticrese como modalidade de garantia válida para adesão ao Programa de Recuperação Fiscal – REFIS, condicionando-a à apresentação, pelo interessado, dos seguintes requisitos: (i) de prova da propriedade dos bens, juntamente com a certidão de inexistência de ônus reais; (ii) laudo circunstanciado atestando a produtividade do bem imóvel (frutos e rendimentos), elaborado por empresa ou profissional legalmente habilitado.
[...]
3. *Destarte, essa é uma hipótese de suspensão do crédito tributário encartada no art. 151, VI, do CTN.*
[...]
12. Recurso especial desprovido.[95]

TRIBUTÁRIO E PROCESSUAL CIVIL – REFIS – INADIMPLÊNCIA POR TRÊS MESES CONSECUTIVOS – ART. 5º, INCISO

---

[95] BRASIL. Superior Tribunal de Justiça. REsp nº 1.103.639/PE. Relator: ministro Luiz Fux. Primeira Turma. Julgamento em 18 de novembro de 2010. *DJe*, 30 nov. 2010, grifos nossos.

II DA LEI N. 9.964/2000 – *EXCLUSÃO* – *INTERPRETAÇÃO LITERAL*.

1. O art. 111, inciso I, do CTN determina a interpretação literal da legislação tributária, que versar sobre suspensão ou exclusão do crédito tributário, razão pela qual impõe-se observar o teor estrito do artigo 5º, inciso II, da Lei n. 9.964/2000, sobre a exclusão do REFIS da empresa, ainda que haja pagamento posterior das parcelas inadimplidas.
2. "Como o REFIS é regido pela Lei 9.964/2000, em que há regra específica sobre o procedimento de exclusão dos inadimplentes, fica afastada a aplicação subsidiária da Lei 9.784/99." (REsp 837.597/DF, Rel. Carlos Fernando Mathias (juiz convocado do TRF da 1ª Região), DJe 2.5.2008). Agravo regimental improvido.[96]

2) Interpretação literal da legislação tributária que disponha sobre outorga de isenção:

TRIBUTÁRIO. IMPOSTO DE RENDA ISENÇÃO E COMPLEMENTAÇÃO DE AUXÍLIO-DOENÇA PAGO PELA CEDAE. IMPOSSIBILIDADE. AUSÊNCIA DE PREVISÃO LEGAL.
1. Pretende o recorrente a restituição dos valores de imposto de renda incidentes sobre a complementação de auxílio-doença ou auxílio enfermidade, pagos pela CEDAE, nos anos de 1996 e 1997.
2. O art. 48 da Lei 8.541/92 assim dispõe: "Ficam isentos do imposto de renda os rendimentos percebidos pelas pessoas físicas decorrentes de seguro-desemprego, auxílio-natalidade, auxílio-doença, auxílio-funeral e auxílio-acidente, pagos pela

---

[96] BRASIL. Superior Tribunal de Justiça. AgRg no REsp nº 711.178/RS. Relator: ministro Humberto Martins. Segunda Turma. Julgamento em 2 de outubro de 2008. *DJe*, 29 out. 2008.

previdência oficial da União, dos Estados, do Distrito Federal e dos Municípios e pelas entidades de previdência privada." (Redação dada pela lei n. 9.250, de 1995).

3. Sendo imperativo o comando que determina a interpretação literal da outorga de isenção (art. 111, inciso II do CTN), revela-se descabida a pretendida restituição, porquanto não há previsão legal a amparar o pleito do recorrente, uma vez que a complementação *do benefício era pago por entidade não prevista no rol elencado no art. 48 da Lei 8.541/92, ou seja, pela CEDAE – empresa pública*. Recurso especial improvido.[97]

A respeito da interpretação literal de legislação tributária que disponha sobre a dispensa do cumprimento de obrigações acessórias, relevante destacar os seguintes ensinamentos de Leandro Paulsen:

> *Isenção e anistia*. A isenção e a anistia não dispensam do cumprimento das obrigações acessórias. A exclusão do crédito tributário (em razão de isenção ou anistia) não dispensa o cumprimento das obrigações acessórias, dependentes da obrigação principal cujo crédito seja excluído, ou dela consequente (art. 175, parágrafo único, do CTN).
>
> *Imunidade*. A imunidade também não dispensa do cumprimento de obrigações acessórias e, em geral, do dever de colaborar com a fiscalização (arts. 14, III e 194, parágrafo único, do CTN).
>
> A imunidade também não exclui a responsabilidade pelos tributos retidos na fonte (art. 9º, § 1º, do CTN).[98]

---

[97] BRASIL. Superior Tribunal de Justiça. REsp nº 1.211.238/RJ. Relator: ministro Humberto Martins. Segunda Turma. Julgamento em 14 de junho de 2011. *DJe*, 9 ago. 2011, grifo nosso.
[98] PAULSEN, Leandro. *Direito tributário*, 2010, op. cit., p. 888.

Vê-se, entretanto, que o método literal, ainda que preponderante em algumas ocasiões, não pode ser o único utilizado pelo intérprete quando da aplicação da lei.

Método lógico

Com esse método, busca-se um sentido lógico na norma, de forma a evitar conclusões irracionais e contrárias ao direito. Consiste na aplicação das regras tradicionais e precisas, tomadas de empréstimo à lógica geral. Não possui autonomia, vinculando-se ao método sistemático (método lógico-sistemático) ou derivando da conclusão gramatical.

De acordo com Carlos Maximiliano,[99] o método lógico "consiste em procurar descobrir o sentido e o alcance de expressões do direito sem auxílio de nenhum elemento exterior, como aplicar ao dispositivo em apreço um conjunto de regras tradicionais e precisas, tomadas de empréstimo à Lógica geral".

Como bem observa Torres,[100] o método lógico, embora tenha sido um dos quatro concebidos por Savigny, não possui autonomia, ora se vinculando ao método sistemático naquilo que se convencionou denominar método lógico-sistemático – com a busca do sentido da norma no sistema –, ora deriva da conclusão gramatical, conforme sustenta Ascensão.[101]

Método sistemático

Na interpretação do texto legal, não se deve descurar de que este é apenas uma parte de um sistema jurídico composto por

---

[99] MAXIMILIANO, Carlos. *Hermenêutica e aplicação do direito*. 11. ed. Rio de Janeiro: Forense, 1991. p. 123.
[100] TORRES, Ricardo Lobo. *Curso de direito financeiro e tributário*. Rio de Janeiro: Renovar, 2003.
[101] ASCENSÃO, José de Oliveira. *O direito*: introdução e teoria geral – uma perspectiva luso-brasileira. 2. ed. bras. Rio de Janeiro: Renovar, 2001. p. 420.

diversas outras normas. Desse modo, entre as várias possibilidades de interpretação oferecidas pelos métodos literal e lógico, o intérprete deve, de acordo com o método sistemático, optar por aquela que melhor se coadune com o contexto significativo da lei.[102] Ou seja, que esteja de acordo com o sistema jurídico no qual está inserida aquela regulação.

Esse método leva em consideração o contexto em que a norma está inserida. É necessário avaliar o sistema em que o dispositivo legal encontra-se inserido, de forma a harmonizar a norma com o sistema em que ela se insere.

A ideia de adequação da norma ao sistema decorre do princípio da unidade da ordem jurídica, uma vez que, quebrada, dará ensejo à violação do princípio da isonomia.[103] Tal adequação se apresenta em dois planos: no plano externo, mediante a harmonização com os outros dispositivos do texto legal e de acordo com a localização em que a norma é nele inserida; e no plano interno, vinculada aos valores e princípios a ela imanentes. No primeiro caso, a utilização do método sistemático é uma decorrência do método literal; no último, do teleológico.[104]

Muito se diz que, no plano externo, a norma deve ser interpretada de acordo com a posição topográfica em que é encontrada no texto legal. Embora essa adequação, no plano externo, não seja destituída de relevância, já que muitas vezes a localização da seção, do capítulo, do título ou do livro em que são encontradas as normas serve como subsídio à sua compreensão, também não se pode desconsiderar o fato de que, em muitos casos, o dispositivo legal é inserido em local errado.

Esse método predominou na era da jurisprudência dos conceitos, pois, para o positivismo formalista então reinante, o que não estava no sistema jurídico não interessava ao direito.

---

[102] LARENZ, Karl. Metodologia da ciência do direito, 1997, op. cit., p. 457.
[103] Ibid., p. 286.
[104] Ibid., p. 158.

Método histórico

O método histórico considera as circunstâncias históricas que cercaram a edição da lei, por exemplo, exposição de motivos, anteprojeto de lei, debates parlamentares etc.

A utilização do método ora em comento revela-se pela pesquisa da origem e desenvolvimento das normas, a partir do estudo do ambiente histórico e social e da intenção reguladora que informaram o processo de elaboração da lei.

No entanto, como observa Ferrara,[105] os trabalhos preparatórios, muitas vezes, contêm uma falsa justificação quanto aos motivos que levaram o parlamentar a optar por determinada solução legislativa, não podendo, dessa forma, constituir-se nos únicos meios para se pesquisar a vontade do legislador.

Por tal razão, a interpretação histórica deve basear-se, como adverte Karl Larenz,[106] mais na intenção reguladora imanente à norma do que nas ideias normativas das pessoas que participaram da formulação de seu texto. É que, ao contrário do que ocorria no absolutismo, quando a lei era emanada da vontade do rei, é impossível, no Estado de direito, cujo ordenamento é obra de uma pluralidade de pessoas reunidas no Parlamento, pesquisar a verdadeira intenção de seus autores.

Modernamente, prevalece a corrente unificadora ou mista, defendida por Larenz,[107] Engisch[108] e Emilio Betti,[109] segundo a qual, embora a interpretação deva levar em consideração o sentido que a lei tem hoje – uma vez que esta só irradia plenamente sua ação normativa diante do fato concreto, afastando-se, com o

---
[105] FERRARA, Francesco. *Interpretação e aplicação das* leis, 1987, op. cit., p. 146.
[106] LARENZ, Karl. *Metodologia da ciência do direito*, 1997, op. cit., p. 464.
[107] Ibid., p. 446.
[108] ENGISCH, Karl. *Introdução ao pensamento jurídico*, 1996, op. cit., p. 177.
[109] BETTI, Emilio, apud LARENZ, Karl. *Metodologia da ciência do direito*, 1997, op. cit., p. 449.

tempo, das ideias de seus autores e atingindo fatos por estes não conhecidos –, não se pode desconsiderar a intenção reguladora e a valoração promovida pelo legislador histórico, em respeito à vinculação do intérprete à norma.[110] No entanto, dentro do sentido literal possível oferecido pelo texto histórico, ou seja, dentro das várias possibilidades extraídas do texto legal, deve o intérprete escolher, a partir do exame das opções e valorações feitas pelo legislador, quais as soluções adequadas para a resolução dos casos que ora se apresentam, para que sejam atendidas de acordo com o critério teleológico e com o novo contexto normativo em que se apresentam as demandas da nova realidade social.

Como exemplo de utilização do método histórico, podemos citar o julgamento do STF acerca da incidência do IPVA nas aeronaves e embarcações. Quando do referido julgamento, alguns ministros optaram pela interpretação literal da expressão "veículos automotores", enquanto outros ministros ressaltaram que, pela interpretação histórica, o IPVA sucedeu a taxa rodoviária única, cobrada tão somente dos automóveis e demais veículos de trânsito terrestre, não havendo nada nos trabalhos preparatórios da nova ordem constitucional que indicasse que o novo imposto se dirigia a um campo muito maior de incidência.

Método teleológico/finalístico

O método teleológico/finalístico consiste na busca pelos objetivos e fins da norma. Sendo o ordenamento legal um instrumento a regular as relações entre as pessoas em sociedade, é natural pesquisar-se o elemento finalístico a ser atingido.

---

[110] LARENZ, Karl. *Metodologia da ciência do direito*, 1997, op. cit., p. 446.

De acordo com a metodologia proposta por Larenz,[111] que resgatou o elemento teleológico dos exageros perpetrados pela jurisprudência dos interesses, o método em estudo se baseia em dois pilares: o das estruturas materiais oferecidas pelo domínio da norma e o dos princípios ético-jurídicos. Larenz os chama de critérios teleológico-objetivos, porque independem da consciência que o legislador histórico teve de sua existência por ocasião da elaboração da norma.

O domínio da norma, segundo Friedrich Müller,[112] representa o segmento da realidade social que a norma escolheu como seu âmbito de regulação. Suas estruturas materiais são constituídas pelos dados factuais que o legislador não pode alterar e que ele toma em consideração para empreender qualquer regulação. São critérios objetivos de interpretação que, em ampla medida, coincidem com a natureza das coisas.[113]

De acordo com Francesco Ferrara,[114] a natureza das coisas é representada pelas exigências econômicas e sociais que brotam das relações que a lei pretende regular. Segundo Karl Larenz, a natureza das coisas se manifesta por "dados fundamentais pertencentes à natureza corpórea ou à natureza anímica e espiritual do homem, que não são mutáveis, ou o são dificilmente e em períodos mais longos"[115] e que vinculam o legislador, que dela só pode se afastar de forma inequívoca e desde que não leve a um resultado manifestamente absurdo.

---

[111] Ibid.

[112] MÜLLER, Friedrich, apud LARENZ, Karl. *Metodologia da ciência do direito*, 1997, op. cit., p. 470.

[113] Não nos parecem relevantes para o objeto deste estudo as pequenas distinções propostas por Larenz entre os conceitos de *natureza das coisas* (elemento normativo extraído do próprio ser), e *estruturas materiais do domínio da norma* (elementos exteriores à coisa). Para o estudo de tal distinção, remetemos o leitor para a obra do referido autor (ibid., p. 471).

[114] FERRARA, Francesco. *Interpretação e aplicação das leis*, 1987, op. cit., p. 141.

[115] LARENZ, Karl. *Metodologia da ciência do direito*, 1997, op. cit., p. 594.

Método econômico

De acordo com os ensinamentos de Luiz Emygdio Rosa Jr.,[116] o método econômico de interpretação teve origem na "escola alemã". Tal método, segundo Amilcar de Araújo Falcão,[117] prescreve que seja "a lei tributária *interpretada funcionalmente*, levando em conta a consistência econômica do fato gerador [...], a normalidade dos meios adotados para atingir certos fins [...] e a finalidade ou função que o tributo instituído venha a desempenhar".

Nas palavras de Luiz Emygdio:[118]

> [...] a tarefa de interpretação econômica é "identificar, na alusão feita pelo legislador fiscal a determinado ato, negócio ou instituto jurídico para a definição do fato gerador, o intuito de caracterizar, através de uma forma elíptica, a relação econômica subjacente" (cf. Amilcar de Araújo Falcão, *Fato Gerador da obrigação tributária*, op. cit., p. 50). Entretanto, o legislador refere-se não a essa relação econômica, mas ao nome jurídico pelo qual ela é conhecida no mundo do direito, visando à maior simplicidade e melhor clareza do texto legal. Exemplificando: quando a lei elege a compra e venda de bem imóvel como fato gerador do ITBI, quer, em verdade, referir-se à situação econômica pela qual uma pessoa transfere riqueza imobiliária para outra em contrapartida do recebimento de outra riqueza, que é o preço.

---

[116] ROSA JR., Luiz Emygdio F. da. *Manual de direito financeiro e direito tributário*, 2009a, op. cit., p. 260.
[117] FALCÃO, Amilcar de Araújo, apud ROSA JR., Luiz Emygdio F. da. *Manual de direito financeiro e direito tributário*, 2009a, op. cit., p. 260.
[118] ROSA JR., Luiz Emygdio F. *Manual de direito financeiro e direito tributário*, 2009a, op. cit., p. 260.

No presente contexto, é relevante salientar os ensinamentos a seguir transcritos:

> *Interpretação econômica da norma tributária.* "Na busca de maior segurança para o contribuinte, protegendo-o contra as investidas fiscais no Estado, já não se prega, na atualidade, uma interpretação exclusivamente econômica da norma tributária. A interpretação da norma há de ser sempre jurídica, mas a consideração econômica não pode ser abandonada. O direito tributário prende-se ao fenômeno econômico, e este não deve ser desconsiderado em seu processo interpretativo. Não seria aceitável que o intérprete ou aplicador da norma ignorasse por completo as formas jurídicas, saindo em busca do significado econômico do negócio em análise. Mas uma relação jurídica sem qualquer objetivo econômico, cuja única finalidade seja de natureza tributária, não pode ser considerada como comportamento lícito. Seria fechar os olhos à realidade e desconsiderar a presença do fato econômico na racionalidade da norma tributária. Uma interpretação jurídica atenta à realidade econômica subjacente a fato ou negócio jurídico, para efeitos de tributação, é a resposta justa, equitativa e pragmática. Nesse ponto, é da maior utilidade a análise do *business purpose test* do direito tributário norte-americano, que aceita como lícita a economia fiscal quando decorrente de uma formulação jurídica que, além da economia de imposto, tenha um objetivo negocial explícito" (HUCK, Hermes Marcelo. *Evasão e elisão*: rotas nacionais e internacionais. São Paulo: Saraiva, 1997. p. 328-329).[119]

Quando determinada situação é enquadrada pelo legislador como fato gerador de determinado tributo, considera-se que tal

---

[119] PAULSEN, Leandro. *Direito tributário*, 2010, op. cit., p. 880-881.

situação é reveladora de capacidade contributiva, sendo assim, "o fato gerador, em sua essência, *um fato econômico, ao qual o Direito empresta relevo jurídico* e não um mero fato econômico. Isso porque, ocorrendo o fato gerador, dar-se-á a incidência do tributo".[120]

Resultados da interpretação

Interpretação extensiva

A interpretação extensiva não se assemelha à analogia. Interpretação extensiva deve ocorrer quando se constata que o legislador positivou a regra de forma mais enxuta do que a pretendia.

Por exemplo, quando um texto normativo utiliza as expressões "congêneres e similares" fica aberto espaço para uma interpretação extensiva. Quando a previsão legal traz exemplos, ela pode ser interpretada extensivamente. A interpretação extensiva só cabe quando a lei abre espaço para outras hipóteses não expressamente previstas.

Interpretação restritiva

A interpretação restritiva se dá quando o legislador deixa o texto normativo aberto para diversas interpretações, cabendo ao intérprete restringir a amplitude do texto, que não traduz a intenção menos ampla do legislador.

Por exemplo, para fins de imposto de renda, o Superior Tribunal de Justiça já determinou que as clínicas de exames

---

[120] ROSA JR., Luiz Emygdio F. da. *Manual de direito financeiro e direito tributário*, 2009a, op. cit., p. 260-261.

radiológicos não devem ser incluídas na expressão "serviços hospitalares", já que a referida expressão é deveras ampla e traz benefícios fiscais, motivo pelo qual deve ser interpretada restritivamente.

Interpretação estrita

Atente-se, inicialmente, para o fato de que o art. 111 do CTN não trata de interpretação restritiva, mas sim de uma interpretação literal. Trata-se de uma vedação à interpretação extensiva. Tudo em matéria de isenção deve ser interpretado literalmente, de forma a alcançar um resultado estrito. As imunidades, por exemplo, não admitem interpretação extensiva. Vide julgado do Superior Tribunal de Justiça abaixo transcrito.

TRIBUTÁRIO. ISS. ORGANIZAÇÃO SOCIAL SEM FINS LU-CRATIVOS. ATIVIDADE RELACIONADA À PROMOÇÃO DO DESENVOLVIMENTO CIENTÍFICO E TECNOLÓGICO. ISENÇÃO. AUSÊNCIA DE LEGISLAÇÃO ESPECÍFICA. IM-POSSIBILIDADE.

I - Originariamente, cuida-se de Mandado de Segurança impetrado pela ora Recorrente, contra ato do Exmo. Sr. Secretário de Fazenda e Planejamento do Distrito Federal, que indeferiu o seu pedido de isenção tributária, referente à emissão do denominado "Ato Declaratório de Isenção do ISS".

II - A impetrante, ora Recorrente, sustenta que, na qualidade de instituição constituída sob a forma de associação sem fins lucrativos, tendo por objetivo social a promoção do desenvolvimento científico e tecnológico, faz jus à isenção do ISS.

III - Não se extrai força normativa suficiente do art. 150, VI, "c", da Constituição Federal, que revele haver tributação dos entes políticos, no caso da incidência tributária recair sobre organização social privada sem fins lucrativos, mesmo que reconhecida como de interesse e utilidade social.

IV - Fosse o Recorrente instituição de ensino ou de assistência social, haveria, em tese, a possibilidade de delinear os efeitos normativos do preceito constitucional citado. Ocorre que, consoante se observa dos seus próprios objetivos institucionais, às fls. 28/29 destes autos, sua finalidade é a promoção do desenvolvimento científico e tecnológico, de modo que nem presta serviço relacionado ao ensino, nem revela atividade de assistência social.

V - Nesse contexto, ante a impossibilidade de extrair-se a imunidade pretendida do preceito constitucional, verdadeira exceção ao poder geral de tributação do Estado, surge a necessidade de lei específica que discipline a outorga de isenção em relação às suas atividades, que também se apresenta como restrição, só que em nível infraconstitucional, à potestade tributária.

VI - De fato, o Código Tributário Nacional (art. 97) é suficientemente claro ao dispor que somente a lei pode estabelecer as hipóteses de exclusão do crédito tributário (inciso VI), nesta constando a isenção (art. 175, inciso I). Sendo imperativo o comando que determina a interpretação literal da outorga de isenção (art. 111, inciso II), revela-se necessária a edição de legislação específica que discipline o comando isencional às atividades desenvolvidas pelas organizações sociais sem fins lucrativos, que atendam ao interesse e à utilidade públicos, situação discutida nos presentes autos.

VII - Inexistindo nos autos documentos que comprovem a existência de legislação distrital disciplinadora da isenção pretendida pela Recorrente, não há como deferi-la nos moldes pretendidos.

VIII - Recurso Ordinário improvido.[121]

---

[121] BRASIL. Superior Tribunal de Justiça. RMS nº 22.371/DF. Relator: ministro Francisco Falcão. Julgamento em 3 de maio de 2007. DJ, 24 maio 2007.

Registre-se, por oportuno, que a interpretação conforme a Constituição é um mecanismo inerente ao método sistemático. Tal interpretação é uma técnica que permite que, entre duas interpretações, exclua-se uma das possíveis, já que uma das interpretações possíveis não é constitucional. Entre duas interpretações extraídas do sentido literal possível da norma, o hermeneuta deve optar por aquela que se coadune com o texto constitucional.

Integração do direito tributário

A integração é o processo pelo qual, diante da omissão ou lacuna da lei, busca-se uma solução para o caso concreto. A integração indica a inexistência de preceito no qual determinada situação deva subsumir-se.

O art. 108 do CTN elenca os métodos que devem ser utilizados para a integração da lei tributária, *verbis*:

> Art. 108. Na ausência de disposição expressa, a autoridade competente para aplicar a legislação tributária utilizará sucessivamente, na ordem indicada:
> I - a analogia;
> II - os princípios gerais de direito tributário;
> III - os princípios gerais de direito público;
> IV - a equidade.
> § 1º. O emprego da analogia não poderá resultar na exigência de tributo não previsto em lei.
> § 2º. O emprego da equidade não poderá resultar na dispensa do pagamento de tributo devido.

Analogia

Quando falta disposição expressa, a autoridade deverá buscar no ordenamento jurídico norma que discipline matéria semelhante, de modo que a razão da disciplina expressa nessa matéria possa aplicar-se àquela – havendo a mesma razão, há de haver a mesma solução. Isso é analogia.

O emprego da analogia em direito tributário é possível, desde que ela não seja utilizada para criar uma hipótese de incidência não expressamente prevista. A analogia não pode ensejar a cobrança de um tributo que antes não era exigido.

Ilustram os seguintes julgados:

TRIBUTÁRIO – ISSQN – IMPOSTO SOBRE SERVIÇOS DE QUALQUER NATUREZA – AGENCIAMENTO MARÍTIMO – LISTA DE SERVIÇOS TAXATIVA – IMPOSSIBILIDADE DO EMPREGO DA ANALOGIA – ILEGALIDADE DA EXIGÊNCIA – PRECEDENTES.

1. A jurisprudência do STJ firmou-se no sentido de que as atividades exercidas pelas empresas que desempenham as funções de agenciamento marítimo não estão previstas no item 50 da Lista de Serviços a que se referem o Decreto-Lei n. 406/68, o Decreto-Lei n. 839/69 e a Lei Complementar n. 56/87, e, por isso, sobre elas não incide o ISS.

2. Segundo o acórdão recorrido, não há, no conjunto das funções referidas, a intermediação de bens móveis ou imóveis, inviabilizando o enquadramento do agenciamento marítimo como serviço especificado no item 50 da lista de serviços do rol anexo ao Decreto-Lei n. 406/68.

Agravo regimental improvido.[122]

PROCESSUAL CIVIL E TRIBUTÁRIO. AGRAVO REGIMENTAL EM AGRAVO DE INSTRUMENTO. ISS. INCIDÊNCIA. LISTA

---

[122] BRASIL. Superior Tribunal de Justiça. AgRg no REsp nº 1.089.711/SP, Relator: ministro, Humberto Martins. Segunda Turma. Julgamento em 2 de abril de 2009. *DJe*, 27 abr. 2009.

DE SERVIÇOS BANCÁRIOS ANEXA AO DECRETO-LEI Nº 406/68. *ANALOGIA. IMPOSSIBILIDADE. PRECEDENTES.*

1. *"Pacífico o entendimento nesta Corte Superior e no colendo STF no sentido de que a 'lista de serviços' prevista no DL nº 406/68, alterado pelo DL nº 834/69, é taxativa e exaustiva, e não exemplificativa, não se admitindo, em relação a ela, o recurso da analogia, visando a alcançar hipóteses de incidência distantes das ali elencadas, devendo a lista subordinar-se à lei municipal.* Vastidão de precedentes" (AgRg no RESP 631563/MG, Relator Ministro JOSÉ DELGADO, DJ de 13.12.2004).

2. Agravo regimental desprovido.[123]

TRIBUTÁRIO. COFINS. EMPRESAS CORRETORAS DE SEGUROS. *MAJORAÇÃO DA ALÍQUOTA.* ART. 18 DA LEI Nº 10.684/03. *IMPOSSIBILIDADE.*

1. As empresas corretoras de seguros, que têm por objeto a captação de interessados na realização de seguros em geral, não se confundem com as pessoas jurídicas referidas no § 1º do art. 22 da Lei nº 8.212, que são as sociedades corretoras e os agentes autônomos de seguros privados, não lhes sendo aplicável a majoração da alíquota da COFINS prevista no art. 18 da Lei nº 10.684/03. Precedentes deste TRF4 e do STJ.

2. *O emprego da analogia não pode resultar na exigência de tributo não previsto em lei (art. 108, § 1º, do CTN).*[124]

TRIBUTÁRIO. PIS/PASEP E COFINS. BASE DE CÁLCULO. FATURAMENTO. ARTIGO 3º, § 2º, I, DA LEI 9.718/98. HIGIDEZ CONSTITUCIONAL RECONHECIDA PELO STF EM SEDE DE

---

[123] BRASIL. Superior Tribunal de Justiça. AgRg no Ag nº 641.029/MG. Relator: ministro Luiz Fux. Primeira Turma. Julgamento em 27 de setembro de 2005. *DJ*, 10 out. 2005, p. 226, grifos nossos.
[124] BRASIL. Superior Tribunal de Justiça. AREsp nº 436.993/RS (2013/0388478-5). Relator: ministro Herman Benjamin. *DJe*, 4 fev. 2014, grifos nossos.

CONTROLE DIFUSO. EXCLUSÃO DO CRÉDITO TRIBUTÁRIO. "VENDAS INADIMPLIDAS". ALEGADA EQUIPARAÇÃO COM "VENDAS CANCELADAS". ANALOGIA/EQUIDADE. INAPLICABILIDADE ARTIGOS 111 E 118, DO CTN. OBSERVÂNCIA. 1. A base de cálculo da COFINS e do PIS restou analisada pelo Eg. STF que, na sessão plenária ocorrida em 09 de novembro de 2005, no julgamento dos Recursos Extraordinários nos 357.950/RS, 358.273/RS, 390840/MG, todos da relatoria do Ministro Marco Aurélio, e nº 346.084-6/PR, do Ministro Ilmar Galvão, consolidou o entendimento da inconstitucionalidade da ampliação da base de cálculo das contribuições destinadas ao PIS e à COFINS, promovida pelo § 1º, do artigo 3º, da Lei nº 9.718/98, o que implicou na concepção da receita bruta ou faturamento como o que decorra quer da venda de mercadorias, quer da venda de mercadorias e serviços, quer da venda de serviços, não se considerando receita bruta de natureza diversa. 2. *Consectariamente, as deduções da base de cálculo das contribuições em tela, elencadas no § 2º, do mesmo artigo, tiveram sua higidez mantida, merecendo destaque, para deslinde da presente controvérsia, as exclusões insertas em seu "vendas inadimplidas"* não se encontram albergadas na expressão *"vendas canceladas", não podendo, por analogia, implicar em exclusão do crédito tributário, tanto mais que a isso equivaleria afrontar o artigo 111, do CTN, verbis: "Art. 111. Interpreta-se literalmente a legislação tributária que disponha sobre: I – suspensão ou exclusão do crédito tributário; II – outorga de isenção; III – dispensa do cumprimento de obrigações tributárias acessórias".*
[...]
11. A analogia não pode implicar em exclusão do crédito tributário, porquanto criação ou extinção de tributo pertencem ao campo da legalidade.
[...]
14. Destarte, a opção legislativa em não inserir as "vendas inadimplidas" entre as hipóteses de exclusão do crédito tribu-

tário atinente ao PIS e à COFINS não pode ser dirimida pelo intérprete, mesmo que a pretexto de aplicação do princípio da capacidade contributiva, notadamente em virtude da ausência de perfeita similaridade entre os eventos econômicos confrontados.

15. A violação eventual dos princípios da isonomia e da capacidade contributiva encerram questões constitucionais insindicáveis pelo Eg. STJ.

16. Precedentes do STJ: REsp 751.368/SC, Rel. Ministro Luiz Fux, Primeira Turma, julgado em 17.05.2007, DJ 31.05.2007; REsp 953.011/PR, Rel. Ministro Castro Meira, Segunda Turma, julgado em 25.09.2007, DJ 08.10.2007; e REsp 956.842/RS, Rel. Ministro José Delgado, Primeira Turma, julgado em 20.11.2007, DJ 12.12.2007.

17. Recurso especial a que se nega provimento.[125]

Sobre o emprego da analogia, destaca Leandro Paulsen:[126]

As restrições à aplicação da analogia, tal como quanto à norma tributária impositiva, por força do § 1º, e mesmo à suspensão e à exclusão do crédito tributário e à dispensa do cumprimento de obrigações acessórias, matérias para as quais o art. 111 do CTN determina interpretação literal, não pode levar ao entendimento de que o Direito Tributário seja avesso à analogia. A analogia tem largo campo de aplicação no Direito Tributário, sendo, mesmo, modo preferencial de integração da legislação tributária, tal como previsto no art. 108, I, do CTN. [...]

"[...] o próprio CTN se encarrega de restringir, por muitas disposições, o seu emprego, de modo que, a nosso ver, o que resta

---

[125] BRASIL. Superior Tribunal de Justiça. REsp nº 1.029.434/CE. Relator: ministro Luiz Fux. Primeira Turma. Julgamento em 20 e maio de 2008. DJe, 20 jun. 2008, grifos nossos.
[126] PAULSEN, Leandro. Direito tributário, 2010, op. cit., p. 879.

é apenas a possibilidade da analogia *in favorem* ou no campo do Direito Tributário Formal, ou seja, jamais em relação aos elementos constitutivos da obrigação tributária" (NOGUEIRA, Ruy Barbosa. *Curso de direito tributário*, Saraiva, 14ª edição, 1995. p. 99).[127]

O princípio da reserva legal fundamenta a impossibilidade de exigência de tributos (art. 108, § 1º), e ainda o reconhecimento de isenções (art. 111, I ou II), a aplicação de anistia (art. 111, I) ou a dispensa do cumprimento de obrigações acessórias (art. 111, III), por meio da utilização da analogia.

Relevante salientar que a analogia não deve ser confundida com a "interpretação extensiva". A analogia possibilita a integração da legislação tributária por meio da aplicação da lei a determinado fato nela não previsto; já na interpretação extensiva, a aplicação da lei se dá de acordo com os limites de sua incidência, não havendo integração da legislação tributária.[128]

Reitera tal entendimento o seguinte julgado:

> TRIBUTÁRIO. RECURSO ESPECIAL. ISSQN. LISTA DE SERVIÇOS. TAXATIVIDADE. INTERPRETAÇÃO EXTENSIVA. POSSIBILIDADE. AUSÊNCIA DE PREQUESTIONAMENTO.
> 1. Embora taxativa, em sua enumeração, a lista de serviços admite interpretação extensiva, dentro de cada item, para permitir a incidência do ISS sobre serviços correlatos àqueles previstos expressamente. Precedentes do STF e desta Corte.
> 2. Esse entendimento não ofende a regra do art. 108, § 1º, do CTN, que veda o emprego da analogia para a cobrança de tributo não previsto em lei. Na hipótese, não se cuida de analogia, mas de recurso à interpretação extensiva, de resto autorizada

---

[127] Ibid.
[128] PAULSEN, Leandro. *Direito tributário*, 2010, op. cit., p. 868.

pela própria norma de tributação, já que muitos dos itens da lista de serviços apresentam expressões do tipo "congêneres", "semelhantes", "qualquer natureza", "qualquer espécie", entre outras tantas.

3. Não se pode confundir analogia com interpretação analógica ou extensiva. A analogia é técnica de integração, vale dizer, recurso de que se vale o operador do direito diante de uma lacuna no ordenamento jurídico. Já a interpretação, seja ela extensiva ou analógica, objetiva desvendar o sentido e o alcance da norma para então definir-lhe, com certeza, a sua extensão. A norma existe, sendo o método interpretativo necessário, apenas, para precisar-lhe os contornos.

4. A ausência de debate pela Corte a quo acerca da natureza jurídica individual de cada serviço enumerado pela Fazenda Pública no auto de infração e a possibilidade de incidência do tributo, a despeito da oposição de embargos declaratórios, impedem o conhecimento do recurso. Incidência da Súmula 211/STJ.

5. Recurso especial conhecido em parte e improvido.[129]

Relevante salientar que o uso da analogia a favor do contribuinte é possível, conforme comando legal do art. 112 do CTN:

> Art. 112. A lei tributária que define infrações, ou lhe comina penalidades, interpreta-se da maneira mais favorável ao acusado, em caso de dúvida quanto:
> I - à capitulação legal do fato;
> II - à natureza ou às circunstâncias materiais do fato, ou à natureza ou extensão dos seus efeitos;
> III - à autoria, imputabilidade, ou punibilidade;
> IV - à natureza da penalidade aplicável, ou à sua graduação.

---

[129] BRASIL. Superior Tribunal de Justiça. REsp nº 693.278. Relator: ministro Castro Meira. Julgamento em 28 de novembro de 2006. DJ, 14 dez. 2006, grifos nossos.

Assim, de acordo com o referido dispositivo, havendo dúvida, "deve ser utilizado o princípio da 'benigna amplianda' e a interpretação favorável ao contribuinte",[130] *in dubio pro reo* ou *pro contribuinte*.[131]

Princípios gerais de direito tributário, princípios gerais de direito público e equidade

Os princípios gerais de direito tributário e princípios gerais de direito público também são métodos de integração, devendo ser utilizados quando não for possível integrar a norma tributária por meio da analogia.

De acordo com Luiz Emygdio:

> Seguindo a ordem do art. 108 do CTN, a autoridade deve buscar solução, para aplicação da legislação tributária, *nos princípios gerais de direito tributário*. Estes são os que resultem de todo o sistema jurídico tributário, referidos em sua grande maioria na Constituição, tais como os princípios da anterioridade da lei fiscal, da igualdade de todos perante a lei, da uniformidade da tributação, da imunidade tributária, da vedação ao tributo com efeito confiscatório, etc.
>
> Em terceiro lugar, o art. 108 do CTN refere-se aos *princípios gerais de direito público* porque o direito tributário nele se subsume. Tais princípios são os que emanam de todo o sistema de direito público do país, tais como: quem pode o mais, geralmente pode o menos, o todo explica as partes, dos poderes implícitos (quando a Constituição quer os fins concede os meios

---

[130] Conforme ensina Ives Gandra Martins, em parecer disponível em: <www.gandramartins.com.br/project/ives-gandra/.../0653-07.doc>. Acesso em: 7 fev. 2014.
[131] ROSA JR., Luiz Emygdio F. da. *Manual de direito financeiro e direito tributário*, 2009a, op. cit., p. 268.

adequados), da pessoalidade da pena, da certeza do direito, da segurança jurídica, da ampla defesa, do devido processo legal, do direito de propriedade etc.[132]

A equidade[133] atua como instrumento de realização concreta da justiça, preenchendo vácuos axiológicos, onde a aplicação rígida da regra legal repugnaria o sentimento de justiça da coletividade. A equidade não pode ser utilizada se dela resultar o não pagamento de um tributo devido, conforme art. 108, § 2º, do CTN.

É o que ilustram os julgados que se seguem.

"VENDAS INADIMPLIDAS". EXCLUSÃO. EQUIPARAÇÃO COM VENDAS CANCELADAS. *EQUIDADE. ART. 108, § 2º, DO CTN.*

1. Incidem o PIS e a COFINS sobre a receita bruta das pessoas jurídicas, aí incluídos os valores de "vendas a prazo" que,

---

[132] Ibid., p. 273-274.

[133] "Vide ensinamentos de Hugo de Brito Machado: Parece-nos que a equidade, como instrumento de integração do Direito Tributário, é precisamente a ideia de Justiça que há de inspirar o aplicador desse direito, nos casos em que a lei seja insuficiente, lacunosa, para que este estabeleça norma. Não de forma inteiramente livre, mas dirigido no sentido de encontrar a igualdade material que o legislador, produzindo normas gerais e abstratas, quase sempre não alcança. Assim, se a lei define certo fato como ilícito, e não menciona alguma circunstância que, presente, poderá conduzir à conclusão de que tal fato, praticado naquela circunstância, não produz o efeito nocivo que em geral lhe é próprio; ou então pôr em dúvida a própria natureza do fato; ou sua autoria; ou a natureza da penalidade aplicável; temos que nestes casos pode o intérprete considerar lacunosa a lei, aplicando a norma que a equidade autoriza seja então elaborada. É precisamente este raciocínio que autoriza ver-se no art. 112 do Código hipóteses de aplicação da Equidade. Equidade é a ideia que permite transformar aquela igualdade simplesmente formal em igualdade efetiva, substancial, corrigindo-se as distorções decorrentes da generalidade e da abstração das leis. 'A objetivação da justiça' ensina Arnaldo Vasconcelos, 'far-se-ia pela regra da equidade, segundo Aristóteles o meio hábil de retificar as distorções da injustiça que se contém em toda a lei. A finalidade só pode ser esta: humanizar o Direito'" (VASCONCELOS, Arnaldo. *Teoria da norma jurídica.* 4. ed. São Paulo: Malheiros, 1993, p. 233, apud MACHADO, Hugo de Brito. *Comentários ao Código Tributário Nacional.* 2. ed. São Paulo: Atlas. 2008. v. II, p. 196-197).

embora faturados, não ingressaram efetivamente no caixa da empresa devido à inadimplência dos compradores.

2. O art. 3º, § 2º, da Lei 9.718/98 estabelece as deduções autorizadas da base de cálculo do PIS e da COFINS, nele não se incluindo o de "vendas inadimplidas".

3. O Sistema Tributário Nacional fixou o regime de competência como regra geral para apuração dos resultados da empresa, e não o regime de caixa. Pelo primeiro regime, o registro dos fatos contábeis é realizado a partir de seu comprometimento, vale dizer, da concretização do negócio jurídico, e não do efetivo desembolso ou ingresso da receita correspondente àquela operação.

4. Se a lei não excluiu as "vendas inadimplidas" da base de cálculo das contribuições ao PIS e à COFINS, não cabe ao intérprete fazê-lo por equidade, equiparando-as às vendas canceladas. O art. 108, § 2º, do CTN é expresso ao dispor que "o emprego da equidade não poderá resultar na dispensa do pagamento de tributo devido".

5. No cancelamento da venda ocorre o desfazimento do negócio jurídico, o que implica ausência de receita e, consequentemente, intributabilidade da operação. O distrato caracteriza-se, de um lado, pela devolução da mercadoria vendida, e de outro, pela anulação dos valores registrados como receita.

6. Embora da inadimplência possa resultar o cancelamento da venda e consequente devolução da mercadoria, a chamada "venda inadimplida", caso não seja a operação efetivamente cancelada, importa em crédito para o vendedor, oponível ao comprador, subsistindo o fato imponível das contribuições ao PIS e à COFINS.

7. Recurso especial não provido.[134]

---

[134] BRASIL. Superior Tribunal de Justiça. REsp nº 953.011/PR. Relator: ministro Castro Meira. Segunda Turma. Julgamento em 16 de maio de 2007. DJ, 8 out. 2007, grifos nossos.

TRIBUTÁRIO. PIS/PASEP E COFINS. BASE DE CÁLCULO. FATURAMENTO. ARTIGO 3º, § 2º, I, DA LEI 9.718/98. HIGIDEZ CONSTITUCIONAL RECONHECIDA PELO STF EM SEDE DE CONTROLE DIFUSO. EXCLUSÃO DO CRÉDITO TRIBUTÁRIO. "VENDAS INADIMPLIDAS". ALEGADA EQUIPARAÇÃO COM "VENDAS CANCELADAS". ANALOGIA/ *EQUIDADE*. INAPLICABILIDADE ARTIGOS 111 E 118, DO CTN. OBSERVÂNCIA.

[...]

12. No plano pós-positivista da Justiça Tributária, muito embora receita inadimplida economicamente não devesse propiciar tributo, é cediço que o emprego da equidade não pode dispensar o pagamento do tributo devido (§ 2º, do artigo 108, do CTN).

13. *Abalizada doutrina tributarista define a equidade como a "aplicação dos princípios derivados da ideia de justiça (capacidade contributiva e custo/benefício) ao caso concreto", não se podendo, entretanto, confundir a equidade com instrumento de "correção do Direito" ou de interpretação e suavização de penalidades fiscais: "O equitativo e o justo têm a mesma natureza. A diferença está em que o equitativo, sendo justo, não é o justo legal. A lei, pelo seu caráter de generalidade, não prevê todos os casos singulares a que se aplica; a falta não reside nem na lei nem no legislador que a dita, senão que decorre da própria natureza das coisas. A equidade, ainda segundo Aristóteles, autoriza a preencher a omissão com o que teria dito o legislador se ele tivesse conhecido o caso em questão" (Ricardo Lobo Torres, in Normas de Interpretação e Integração do Direito Tributário, 4ª ed., Editora Renovar, Rio de Janeiro, São Paulo e Recife, 2006, págs. 115/116).*[135]

---

[135] BRASIL. Superior Tribunal de Justiça. REsp nº 1.029.434/CE. Relator: ministro Luiz Fux. Primeira Turma. Julgamento em 14 de fevereiro de 2008. *DJe*, 18 jun. 2008, grifos nossos.

Existe discussão acerca de observância da ordem estabelecida no art. 108 do CTN, uma vez que tal dispositivo normativo prescreve que os métodos de integração devem ser observados sucessivamente. Alguns sustentam que há hierarquia entre os métodos de integração, ao passo que outros doutrinadores entendem que não existe a referida hierarquia em razão da profunda semelhança entre tais métodos.

Insta salientar que a legislação tributária deve obedecer aos limites constantes nos arts. 109 e 110 do CTN.

Prescreve o art. 109 do CTN: "Os princípios gerais de direito privado utilizam-se para pesquisa da definição, do conteúdo e do alcance de seus institutos, conceitos e formas, mas não para definição dos respectivos efeitos tributários". De acordo com Sacha Calmon, "o legislador fiscal não *deforma* o conteúdo e o alcance dos institutos, conceitos e formas de Direito Privado, podendo apenas atribuir-lhes *efeitos fiscais*".[136]

> *Referência a institutos de Direito Privado nas normas tributárias*
> "quando as categorias de Direito Privado estejam apenas referidas na lei tributária, o intérprete há de ingressar no Direito Privado para bem compreendê-las, porque neste caso elas continuam sendo institutos, conceitos e formas de puro Direito Privado, porque não foram alteradas pelo Direito Tributário, mas incorporadas sem alteração e portanto vinculantes dentro deste" (NOGUEIRA, Ruy Barbosa. *Curso de Direito Tributário*. 4ª edição. Ed. Saraiva, 1995, p. 104).[137]

[...] os institutos, conceitos e formas do direito privado são o que são segundo esse próprio ramo do direito, e conservam a

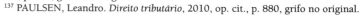

[136] COÊLHO, Sacha Calmon Navarro. *Curso de direito tributário brasileiro*, 2011, op. cit., p. 576, grifos no original.
[137] PAULSEN, Leandro. *Direito tributário*, 2010, op. cit., p. 880, grifo no original.

sua identidade também quando tomados como elementos das normas sobre tributos, as quais devem apenas fixar-lhes os respectivos efeitos tributários, vale dizer, dar este ou aquele trato para fins de tributação sem lhes alterar a substância ou natureza jurídica (OLIVEIRA, Ricardo Mariz de. *Fundamentos do Imposto de Renda*. Quarter Latin, 2008, p. 50).[138]

Adicionalmente, a primazia do direito privado é assegurada no comando constante no art. 110 do CTN, *verbis*:

> Art. 110. A lei tributária não pode alterar a definição, o conteúdo e o alcance de institutos, conceitos e formas de direito privado, utilizados, expressa ou implicitamente, pela Constituição Federal, pelas Constituições dos Estados, ou pelas Leis Orgânicas do Distrito Federal ou dos Municípios, para definir ou limitar competências tributárias.

Conforme explicitam os seguintes julgados:

> CONSTITUCIONALIDADE SUPERVENIENTE – ARTIGO 3º, § 1º, DA LEI Nº 9.718, DE 27 DE NOVEMBRO DE 1998 – EMENDA CONSTITUCIONAL Nº 20, DE 15 DE DEZEMBRO DE 1998. O sistema jurídico brasileiro não contempla a figura da constitucionalidade superveniente. TRIBUTÁRIO – INSTITUTOS – EXPRESSÕES E VOCÁBULOS – SENTIDO. *A norma pedagógica do artigo 110 do Código Tributário Nacional ressalta a impossibilidade de a lei tributária alterar a definição, o conteúdo e o alcance de consagrados institutos, conceitos e formas de direito privado utilizados expressa ou implicitamente. Sobrepõe-se ao aspecto formal o princípio da realidade, considerados os elemen-*

---

[138] Ibid., p. 880.

tos tributários. CONTRIBUIÇÃO SOCIAL – PIS – RECEITA BRUTA – NOÇÃO – INCONSTITUCIONALIDADE DO § 1º DO ARTIGO 3º DA LEI Nº 9.718/98. A jurisprudência do Supremo, ante a redação do artigo 195 da Carta Federal anterior à Emenda Constitucional nº 20/98, consolidou-se no sentido de tomar as expressões receita bruta e faturamento como sinônimas, jungindo-as à venda de mercadorias, de serviços ou de mercadorias e serviços. É inconstitucional o § 1º do artigo 3º da Lei nº 9.718/98, no que ampliou o conceito de receita bruta para envolver a totalidade das receitas auferidas por pessoas jurídicas, independentemente da atividade por elas desenvolvida e da classificação contábil adotada.[139]

TRIBUTO – FIGURINO CONSTITUCIONAL. A supremacia da Carta Federal é conducente a glosar-se a cobrança de tributo discrepante daqueles nela previstos. IMPOSTO SOBRE SERVIÇOS – CONTRATO DE LOCAÇÃO. A terminologia constitucional do Imposto sobre Serviços revela o objeto da tributação. Conflita com a Lei Maior dispositivo que imponha o tributo considerado contrato de locação de bem móvel. Em Direito, os institutos, as expressões e os vocábulos têm sentido próprio, descabendo confundir a locação de serviços com a de móveis, práticas diversas regidas pelo Código Civil, cujas definições são de observância inafastável – artigo 110 do Código Tributário Nacional. AGRAVO – ARTIGO 557, § 2º, DO CÓDIGO DE PROCESSO CIVIL – MULTA. Se o agravo é manifestamente infundado, impõe-se a aplicação da multa prevista no § 2º do artigo 557 do Código de Processo Civil, arcando a parte com o ônus decorrente da litigância de má-fé.[140]

---

[139] BRASIL. Supremo Tribunal Federal. RE nº 390.840. Relator: ministro Marco Aurélio. Tribunal Pleno. Julgamento em 9 de novembro de 2005. *DJ*, 15 ago. 2006, grifo nosso. PP-00025. EMENT VOL-02242-03, PP-00372. RDDT n. 133, 2006, p. 214-215.
[140] BRASIL. Supremo Tribunal Federal. AI nº 623.226 AgR. Relator: ministro Marco Aurélio. Primeira Turma. Julgamento em: 1º de fevereiro de 2011. *DJe*, 11 mar. 2011, grifos nossos. EMENT VOL-02479-01, PP-00212. RDDT n. 188, 2011, p. 173-175.

De acordo com Sacha Calmon,

como no artigo anterior, o legislador não pôde *alterar* a definição, o conteúdo e o alcance dos institutos, conceitos e formas de Direito Privado. No art. 109, para evitar o *abuso de formas*, se lhe facultou atribuir efeitos tributários aos mesmos, embora limitadamente. No art. 110 se proíbe possa o legislador infraconstitucional alterá-los para o fim de alargar *pro domo sua* os fatos geradores previstos na Constituição Federal (e pelas Constituições dos Estados e Leis Orgânicas Municipais) para *estabelecer* e *limitar* competências tributárias não podem ser alterados. Tais conceitos, institutos e formas são *recebidos* pelo Direito Tributário tal qual são no Direito Privado. O objetivo aqui é preservar a rigidez do sistema de repartição de competências tributárias entre os entes políticos da Federação, segregando a partir de conceitos de Direito Privado já sedimentados as fontes de receita tributária dos mesmos. Isto posto, só para exemplificar: mercadoria, salário, bem imóvel, contrato de seguro, quando usados para articular os fatos geradores dos impostos, não podem ser desarrazoadamente alterados pelo legislador infraconstitucional, federal, distrital, estadual ou municipal, com o fito de *tributar* realidades não previstas ou já atribuídas a outra ordem de governo.[141]

De acordo com Luiz Emygdio, nos casos em que o contribuinte utiliza-se de determinada forma jurídica, desvinculada da verdadeira essência econômica, caracterizando um ato de fraude fiscal – por exemplo, quando "escolhe um instituto e, sobretudo, uma forma jurídica para revestir o ato, visando não pagar ou

---

[141] COÊLHO, Sacha Calmon Navarro. *Curso de direito tributário brasileiro*, 2011, op. cit. p. 580, grifos no original.

pagar a menor o tributo", deve a autoridade fiscal tributar o fato em função de sua verdadeira essência econômica.[142]

Questões de automonitoramento

1) Após ler este capítulo, você é capaz de resumir o caso gerador do capítulo 7, identificando as partes envolvidas, os problemas atinentes e as soluções cabíveis?
2) Em quais casos deve ser aplicada a interpretação restritiva?
3) A partir da leitura do CTN, é correto afirmar que o Brasil não adota a interpretação econômica?
4) Qual é a distinção entre interpretação e integração?
5) É possível tributar uma atividade sobre a qual a lei é omissa, utilizando-se da analogia?
6) Pense e descreva, mentalmente, alternativas para a solução do caso gerador do capítulo 7.

---

[142] ROSA JR., Luiz Emygdio F. da. *Manual de direito financeiro e direito tributário*, 2009a, op. cit., p. 264.

4

Obrigação tributária

Roteiro de estudo

Conceito de obrigação (aspectos civis e tributários)

O conceito de obrigação, de acordo com o direito civil (direito privado), é o de uma relação jurídica entre duas partes – credor (titular do direito de exigir um comportamento) e devedor (tem o dever jurídico de dar, fazer ou não fazer) – nos quais ambos se obrigam a uma prestação (objeto da obrigação). Assim, o credor tem o poder de exigir o objeto da obrigação, e o devedor tem o dever de prestá-lo.

Nesse sentido, vale destacar o entendimento esposado pelo civilista Nelson Rosenvald[143] sobre as características da relação obrigacional:

> O objeto de qualquer relação obrigacional é a prestação, consistente na coisa a ser entregue (obrigação de dar) ou no fato

---

[143] ROSENVALD, Nelson. *Direito das obrigações*. 3. ed. Rio de Janeiro: Impetus, 2004. p. 4.

a ser prestado (obrigação de fazer ou não fazer), importando invariavelmente em uma ação ou omissão do devedor.

Ao bipartirmos uma obrigação, encontramos dois elementos essenciais: o débito e a responsabilidade. No Direito Comparado, são definidos, respectivamente, como *shuld* (débito) e *haftung* (responsabilidade).

O débito traduz a prestação a ser espontaneamente cumprida pelo devedor, em decorrência da relação de direito material originária. Seria o bem da vida solicitado pelo credor, consistente em um dar, fazer ou não fazer.

No direito público, a expressão *obrigação* também é utilizada de forma corriqueira, como ocorre no direito privado. Assim, guardadas suas peculiaridades, a obrigação tributária não escapa desse conceito, ou seja, é uma obrigação jurídica estabelecida entre pessoas, que atribui direitos e respectivos deveres.

A obrigação tributária é uma obrigação de direito público, visto que um dos polos da relação é ocupado pelo Estado (ou por entidade a que a lei atribua a condição de sujeito ativo), no exercício da soberania e, em decorrência disso, o crédito tributário é indisponível para a administração pública. A característica da indisponibilidade do crédito no direito tributário é diametralmente oposta ao que se apresenta no direito privado, no qual o credor pode dispor livremente de seu direito, inclusive liberando o devedor do ônus de adimplir a obrigação.

Sobre o tema, esclarecedora é a lição de Luciano Amaro, que sustenta, ao comentar as consequências relevantes que decorrem da circunstância de ser a obrigação tributária uma relação obrigacional de direito público:

> O administrador fiscal não é titular (credor) da obrigação; credor dessa obrigação é o Estado (ou a entidade a que a lei atribui a condição de sujeito ativo, no caso das contribuições

parafiscais). Dessa forma, o crédito, na obrigação tributária, é indisponível pela autoridade administrativa. [...] Isso não impede que, por lei ou ato vinculado da autoridade (amparada, portanto, em preceito legal), o devedor da obrigação tributária seja dispensado do seu cumprimento (remissão). O que não se admite é essa dispensa decorrer de ato do administrador fiscal, sem amparo na lei.[144]

Qual seria, portanto, a particularidade da obrigação tributária? Sua particularidade está justamente no objeto (prestação), que é o pagamento de um tributo (obrigação de dar) ou o cumprimento de um dever instrumental (obrigação de fazer ou não fazer).

Consoante os ensinamentos de Rosa Jr.,[145] a obrigação tributária é composta por quatro elementos: (1) a pessoa jurídica de direito público competente para instituir tributos (sujeito ativo/credor); (2) a pessoa física ou jurídica obrigada por lei ao cumprimento da prestação tributária, denominada contribuinte ou responsável (sujeito passivo/devedor); (3) o cumprimento de uma prestação positiva ou negativa determinada por lei (objeto/prestação); (4) a lei, em razão do princípio da legalidade tributária, pelo que a vontade jurídica dos indivíduos é inapta para criá-la (causa/fonte).

Hugo de Brito Machado[146] leciona que a obrigação tributária é um primeiro momento na relação tributária, tendo conteúdo ainda não determinado, assim como ainda não está formalmente identificado o sujeito passivo. Ainda de acordo com o mestre,

---

[144] AMARO, Luciano. *Direito tributário brasileiro*. 16. ed. São Paulo: Saraiva, 2010. p. 240.
[145] Cf. ROSA JR., Luiz Emygdio F. da. *Manual de direito tributário*. 26. ed. Rio de Janeiro: Renovar, 2009b. p. 287-299.
[146] MACHADO, Hugo de Brito. *Curso de direito tributário*. 26. ed. São Paulo: Malheiros, 2005. p. 134.

a obrigação tributária corresponderia a uma obrigação ilíquida do direito civil.

Por todo o exposto, pode-se afirmar que a obrigação tributária traduz um poder jurídico por meio do qual o Estado (sujeito ativo) pode exigir de um particular (sujeito passivo) uma prestação positiva ou negativa (objeto da obrigação), nas condições definidas pela lei tributária (causa da obrigação).

A determinação da natureza jurídica da obrigação tributária gera certa controvérsia na doutrina. De acordo com Rubens Gomes de Souza,[147] a obrigação tributária é uma relação jurídica subjetiva de direito público. Para outros autores, contudo, a obrigação tributária seria uma relação de força, de poder do Estado.[148]

Além da circunstância de ser a obrigação tributária uma relação jurídica de direito público, esta tem natureza *ex lege*, porquanto deriva da lei. Parte da doutrina critica essa característica, considerando-a supérflua, já que todas as obrigações do direito decorrem da lei, porque nascem como efeito de incidência de uma regra jurídica.[149]

A principal implicação desse atributo é o fato de que a obrigação tributária independe da vontade das partes. Ou seja, abstrai-se a vontade manifestada no momento da realização do fato gerador da obrigação tributária; assim, o surgimento da obrigação se dá com a mera ocorrência do fato previsto na lei.

---

[147] SOUZA, Rubens Gomes de. *Compêndio de legislação tributária*. São Paulo: Resenha Tributária, 1982. p. 84.
[148] Sobre a evolução doutrinária acerca do tema, vide: ROSA JR., Luiz Emygdio F. da. *Manual de direito tributário*, 2009b, op. cit., p. 485-486; DÓRIA, Antônio Roberto Sampaio. *Direito constitucional tributário e due process of law*. Rio de Janeiro: Forense, 1986. p. 2; MORAES, Bernardo Ribeiro de. *Compêndio de direito tributário*. 2. ed. Rio de Janeiro: Forense, 1994. v. II, p. 245-246.
[149] BECKER, Alfredo Augusto. *Teoria geral do direito tributário*. 2. ed. São Paulo: Saraiva, 1972. p. 239-242.

Obrigação principal e obrigação acessória

Nos termos do *caput* do art. 113 do CTN, a obrigação tributária pode ser principal ou acessória. O código distingue as duas espécies de obrigação tributária da seguinte forma: a obrigação de conteúdo pecuniário como a principal, sendo a obrigação acessória, portanto, aquela destituída de tal conteúdo.

A ocorrência do fato gerador do tributo faz surgir a obrigação principal que, é importante frisar, trata da relação jurídica de maior relevo no direito tributário, pois importa no pagamento do tributo. É situação definida em lei, ou seja, é matéria compreendida na reserva legal e, conforme nos orienta Ricardo Lobo Torres,[150] "é o vínculo jurídico que une o sujeito ativo (Fazenda Pública) ao sujeito passivo (contribuinte ou responsável) em torno do pagamento de um tributo".

O conceito legal de obrigação tributária principal é fornecido pelo art. 113, § 1º, do CTN, ao estabelecer que esta surge com a ocorrência do fato gerador e tem por objeto o pagamento de tributo ou penalidade pecuniária.

A doutrina, capitaneada por Paulo de Barros Carvalho,[151] critica esse artigo, afirmando que a expressão *penalidade pecuniária* não deveria pertencer ao conceito legal de obrigação tributária principal. Isso porque, se o art. 3º do CTN, ao conceituar tributo, determina que ele não constitui sanção de ato ilícito, mostra-se equivocado incluir a penalidade pecuniária – que é uma sanção administrativa – dentro do conceito de obrigação tributária principal. Acrescenta-se, ainda, que, como será exposto, a obrigação acessória pode ser objeto de norma infralegal.

---

[150] TORRES, Ricardo Lobo. *Curso de direito financeiro e tributário*. 11. ed. atual. Rio de Janeiro: Renovar, 2004. p. 234.
[151] CARVALHO, Paulo de Barros. *Curso de direito tributário*. 6. ed. São Paulo: Saraiva, 1993. p. 197-198.

Entretanto, a penalidade pecuniária, por ser matéria de reserva legal, não pode ter tal previsão.

O § 1º do art. 113 do CTN estabelece ainda que a obrigação tributária principal extingue-se juntamente com o crédito dela decorrente. Trata-se de conclusão lógica, considerando que com o pagamento do *quantum debeatur* desaparece o direito de crédito do Estado e o correspondente débito do contribuinte.

A obrigação tributária acessória, por sua vez, justifica-se no interesse da arrecadação ou da fiscalização dos tributos, decorrendo da legislação tributária e tendo por objeto prestações positivas ou negativas, na forma do que dispõe o art. 113, § 2º, do CTN.

O § 3º do mesmo art. 113 do CTN preceitua que "a obrigação acessória, pelo simples fato da sua inobservância, converte-se em obrigação principal relativamente à penalidade pecuniária".

Passa-se, portanto, a analisar essas previsões normativas que cuidam do sentido de "acessoriedade" da obrigação tributária.

Em verdade, a obrigação acessória não está relacionada diretamente nem com o pagamento do tributo, nem com o pagamento da penalidade pecuniária, mas sim com as obrigações de fazer (v.g., emitir nota fiscal, escriturar um livro ou inscrever-se no cadastro de contribuintes), não fazer (v.g., não inutilizar os documentos e livros fiscais antes do prazo legal ou não receber mercadoria sem a documentação legalmente exigida) e tolerar (v.g., submeter-se à fiscalização tributária).

Outros exemplos de obrigação acessória são: (1) a que o contribuinte tem de declarar a renda auferida em cada exercício para fins de apuração do imposto sobre a renda e proventos de qualquer natureza; (2) a obrigação de um lojista de emitir notas fiscais no momento da venda de uma mercadoria.

As obrigações acessórias podem ser estabelecidas por atos infralegais, desde que respaldadas na lei.

É princípio básico do direito civil aquele segundo o qual a obrigação acessória segue a sorte da principal. Porém esse brocardo não se aplica inteiramente ao direito tributário, visto que a obrigação acessória pode existir independentemente da obrigação principal. Luciano Amaro,[152] sobre o assunto, consigna:

A acessoriedade da obrigação dita "acessória" não significa (como se poderia supor, à vista do princípio geral de que o acessório segue o principal) que a obrigação tributária assim qualificada dependa da existência de uma obrigação principal à qual necessariamente se subordine.

Há quem sustente, conforme nos informa Ricardo Lobo Torres,[153] que o uso da expressão *obrigação acessória* é indevido, pois, na verdade, esta nada mais é do que um dever instrumental, que surge pela mera probabilidade (possibilidade) de vir a existir a obrigação principal.

De fato, há diversas hipóteses em que o sujeito passivo da relação tributária não tem qualquer dever de pagar tributo, seja em razão de uma isenção, seja em função de uma imunidade, mas se lhe exige o cumprimento de dever instrumental (obrigação acessória) para que se possa averiguar o preenchimento das condições a cujo atendimento está subordinada a concessão da referida isenção ou imunidade.

Apesar de essa posição ser sustentada pela maior parte da doutrina nacional, é rechaçada por Hugo de Brito Machado,[154] que afirma ser tal exegese fruto da influência da doutrina civilis-

---

[152] AMARO, Luciano. *Direito tributário brasileiro*, 2010, op. cit., p. 240.
[153] TORRES, Ricardo Lobo. *Curso de direito financeiro e tributário*, 2004, op. cit., p. 236-237.
[154] MACHADO, Hugo de Brito. *Curso de direito tributário*, 2005, op. cit., p. 135-136.

ta, estando, portanto, imbuída de uma visão privatista, inteiramente inadmissível perante o CTN. A obrigação seria acessória porque serviria para viabilizar o cumprimento da obrigação principal, ou seja, para viabilizar o controle dos fatos relevantes para o surgimento de obrigações principais.

Um ponto de relevância do assunto ora versado é perquirir, nas hipóteses em que o dever instrumental não vier a ser cumprido, se a multa imposta terá natureza tributária. Outra não pode ser a resposta, senão em sentido negativo, porquanto a multa é a própria sanção, que não é tributo, como nos esclarece o art. 3º do CTN. Dessa forma, a obrigação instrumental não se confunde com o dever de pagar tributo.

Outra crítica feita pela doutrina, com relação ao § 3º do art. 113 do CTN diz respeito à utilização equivocada da expressão *converter-se em obrigação principal*. Se a obrigação acessória não foi cumprida, realizou-se um ato ilícito passível de sanção; então a penalidade pecuniária – que não é tributo – decorreria do próprio ato omissivo ilícito.

Nessa esteira, Adilson Rodrigues Pires leciona:

> Dizer que a obrigação acessória não cumprida "converte-se" em principal não reflete com clareza o sentido exato do mandamento. Efetivamente, a obrigação acessória não "se transforma", como num passe de mágica, em principal, mas sim, faz nascer uma nova obrigação, principal, que tem como objetivo o pagamento de penalidade devida pelo descumprimento da obrigação acessória. Esta, no entanto, subsiste inadimplida.[155]

Destarte, quando ocorre o descumprimento da obrigação acessória, ela continua a existir, pois o contribuinte permanece

---

[155] PIRES, Adilson Rodrigues. *Manual de direito tributário*. 9. ed. Rio de Janeiro: Forense, 1997. p. 45.

obrigado a cumpri-la. A diferença é que, agora, o contribuinte deve cumprir a obrigação acessória e tem de pagar a penalidade pecuniária. Na verdade, portanto, não há conversão alguma.

Fato gerador e seus aspectos

Amilcar de Araújo Falcão[156] (doutrina minoritária) conceitua fato gerador como "o fato, conjunto de fatos, ou estado de fatos a que o legislador vincula o nascimento da obrigação tributária de pagar o tributo determinado", ou seja, o fato gerador da obrigação tributária é uma circunstância na vida do contribuinte eleita pela lei, apta a gerar uma obrigação tributária. O fato gerador tem de ser, necessariamente, um fato econômico de relevância jurídica, não bastando ser apenas um fato jurídico.

Sob a égide do pensamento de Luiz Emygdio F. da Rosa Jr., fato gerador da obrigação principal "é a situação definida em lei como necessária e suficiente à sua ocorrência. Assim, a lei refere-se de forma genérica e abstrata a uma situação como hipótese de incidência do tributo, correspondendo à obrigação tributária abstrata".[157]

Para Ricardo Lobo Torres, "fato gerador é a circunstância da vida – representada por um fato, ato ou situação jurídica – que, definida em lei, dá nascimento à obrigação tributária".[158]

Luciano Amaro, discursando sobre a plurivocidade das conceituações doutrinárias no que tange às expressões fato gerador ou fato gerador da obrigação tributária, esclarece:

> Fato gerador da obrigação tributária [...] identifica o momento do nascimento (geração) da obrigação tributária (em face da

---

[156] FALCÃO, Amilcar de Araújo. *Fato gerador da obrigação tributária*. 6. ed. rev. e atual. prof. Flávio Bauer Novelli. Rio de Janeiro: Forense, 2002. p. 2.
[157] ROSA JR., Luiz Emygdio F. da. *Manual de direito tributário*. 18. ed. rev. e atual. Rio de Janeiro: Renovar, 2005. p. 499.
[158] TORRES, Ricardo Lobo. *Curso de direito financeiro e tributário*, 2004, op. cit., p. 239.

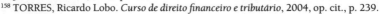

prévia qualificação legal daquele fato). Justamente porque a lei há de preceder o fato (princípio da irretroatividade), a obrigação não nasce à vista apenas da regra legal; urge que se implemente o fato para que a obrigação seja gerada. [...] sem embargo das críticas que tem sofrido, não vemos razão para proscrever a expressão fato gerador da obrigação tributária ou fato gerador do tributo como apta para designar o acontecimento concreto (previamente descrito na lei) que, com sua simples ocorrência, dá nascimento à obrigação tributária. A expressão parece-nos bastante feliz e expressiva.[159]

De toda forma, nota-se que o ponto convergente da maioria de definições que giram em torno da questão é a assertiva de que o fato só é gerador de tributo quando está previsto na lei. Assim, o fato gerador carece de perfeita adequação entre a hipótese de incidência descrita na lei e a situação realizada concretamente pela pessoa, só então produzindo efeito jurídico ou consequência.

O raciocínio inverso indica que se a norma existir, mas o sujeito passivo não praticar ato algum ou não estiver numa determinada situação jurídica relevante para fins tributários que possam configurar um fato gerador do tributo, claro ficará que a lei de instituição não terá produzido qualquer hipótese de incidência.

Antes da Emenda Constitucional nº 18/1965, as exações tributárias eram totalmente desvinculadas de fatos econômicos

---

[159] O autor colaciona a posição de juristas que criticam acidamente tais expressões, como Alfredo Augusto Becker, para quem o fato gerador nada gera a não ser confusão intelectual. Da mesma forma, Alberto Xavier censura tal nomenclatura esclarecendo que se trata de mera problemática terminológica sem alcance de fundo, assim como Paulo de Barros Carvalho, que prefere utilizar a designação "fato jurídico tributário", a par das expressões "fato imponível" e "hipótese tributária" (AMARO, Luciano. *Direito tributário brasileiro*. 9. ed. São Paulo: Saraiva, 2003. p. 250-253).

ou, em outras palavras, meramente formais (*v.g.*, imposto do selo), mas tal fenômeno cessou com a reforma operada pela referida EC nº 18/1965. Atualmente, é entendimento consolidado na doutrina e na jurisprudência de que não se pode tributar um fato meramente jurídico, que não demonstre nenhum elemento econômico da vida do contribuinte.

Amilcar de Araújo Falcão[160] defendia o princípio da interpretação econômica do fato gerador, que significa privilegiar a realidade fática sobre a forma jurídica que envolve o negócio, ou seja, independentemente da forma do ato, dever-se-iam considerar os efeitos econômicos do ato e tributar.

Seguindo o raciocínio defendido pelos cultores da interpretação econômica do fato gerador, digamos que João deseje vender sua lancha, mas, sabedor de que a transmissão vai gerar uma tributação muito alta, resolve, ao invés de vendê-la, alugá-la. A repercussão dessa operação é que, ao final de um ano, o comprador ficou com a lancha e João não pagou quase nada de imposto, porque, ao longo do período, o adquirente foi pagando esse valor a título de aluguel.

De acordo com o princípio referido, a manobra jurídica praticada por João significa burlar a forma do negócio. Amilcar de Araújo Falcão diz que, na verdade, tem-se de chegar ao conteúdo do negócio, afastando a forma jurídica que o reveste.

Porém, a interpretação econômica do fato gerador não é mais prestigiada pela doutrina moderna,[161] não obstante, hodiernamente, o assunto ter ressurgido na pauta de discussão dos tributaristas com a edição da Lei Complementar nº 104/2001.

---

[160] FALCÃO, Amilcar de Araújo. *Fato gerador da obrigação tributária*, 2002, op. cit., p. 27-48.
[161] TORRES, Ricardo Lobo. *Normas de interpretação e integração do direito tributário*. 3. ed. rev. e atual. Rio de Janeiro: Renovar, 2000. p. 197-205.

Entre outras disposições, essa lei complementar inseriu parágrafo único ao art. 116 do CTN que, em tese, conferiu ao fisco, sob o manto de uma cláusula geral antielisiva, a possibilidade de, visando aumentar a arrecadação, privilegiar a realidade econômica, em detrimento da forma jurídica, valendo-se, portanto, do critério econômico da identificação de capacidade contributiva para promover a desconsideração de negócios jurídicos praticados por empresas com a suposta finalidade de dissimular a ocorrência do fato gerador do tributo ou a natureza dos elementos constitutivos da obrigação tributária.[162]

Ressalte-se que o parágrafo único do art. 116 do CTN ainda não foi regulamentado, conforme requerido em sua parte final ("observados os procedimentos a serem estabelecidos em lei ordinária"), constituindo-se, portanto, em norma que carece de plena eficácia, na medida em que somente se ensejaria sua aplicabilidade após o advento da lei a que refere.

No que tange à valoração dos fatos concretos, o art. 118 do CTN prescreve que se devem abstrair:

1) a validade dos atos efetivamente praticados;
2) a natureza ou efeitos do seu objeto;
3) os efeitos dos atos efetivamente ocorridos.

A matéria versada nesse artigo está inegavelmente relacionada com a chamada *interpretação econômica do fato gerador*. Assim, numa interpretação literal de tal dispositivo, depreende-se que se mostra irrelevante, para fins tributários, a circunstância de o ato vir a ser anulado, ainda mais quando dele decorrerem seus normais efeitos econômicos.

A doutrina mais atual, contudo, adota uma interpretação sistemática do fato gerador, respeitando-se, a princípio, o negó-

---

[162] Nesse sentido: MACHADO, Hugo de Brito. *Curso de direito tributário*, 2005, op. cit., p. 144.

cio jurídico realizado. Nesse passo, o fato gerador tem de estar ligado a determinada circunstância da vida do contribuinte que denote capacidade contributiva, ou seja, que constitua signo presuntivo de riqueza.

Retomando a questão relacionada ao uso da nomenclatura *fato gerador*, cumpre destacar que tal utilização recebe duas críticas levantadas pelos principais doutrinadores.

A primeira crítica relacionada à utilização da referida nomenclatura se baseia no fato de que o que origina a obrigação tributária é a lei, e não o fato em si, sendo que Luciano Amaro[163] rebate esse argumento, consignando que a lei dá autorização para aquele fato gerar a obrigação tributária, ou seja, não é a lei por si só que gera o fato; então quem dá existência à obrigação é a incidência da lei sobre o fato.

A segunda linha crítica sustenta que a expressão "fato gerador" traduz dois fenômenos, apesar de dispor de apenas uma expressão para identificá-los – os quais seriam a hipótese de incidência e o fato imponível. Novamente, Luciano Amaro[164] revida tal exegese, afirmando que isso também acontece no fato típico em direito penal, ou seja, a lei também não faz distinção entre os crimes previstos em lei e o crime ocorrido no caso concreto.

É de se observar que a descrição da hipótese de incidência jamais preverá uma ilicitude; no entanto, o fato imponível pode comportar um ato ilegal. Isso acontece porque a ocorrência da situação prevista pela lei como necessária e suficiente ao nascimento da obrigação tributária é desprendida da natureza do objeto ou dos efeitos dos atos praticados.

Assim, por exemplo, o tráfico de drogas nunca será hipótese de incidência do imposto de renda; contudo, a atividade ilícita

---

[163] AMARO, Luciano. *Direito tributário brasileiro*, 2003, op. cit., p. 253.
[164] Ibid., p. 254.

referida pode, no mundo dos fatos (fato imponível), proporcionar a aquisição da disponibilidade econômica ou jurídica de renda, sendo irrelevante que tal aquisição tenha se verificado em decorrência da mencionada atividade ilícita.

José Jayme de Macedo Oliveira[165] leciona que a relevância do fato gerador tributário tem como base a pluralidade de consequências que provoca, bastando ver, por exemplo, que ele identifica o momento quando nasce a obrigação tributária (art. 114 do CTN); define a lei aplicável (art. 144 do CTN), bem como distingue as espécies tributárias (art. 4º do CTN).

O fato gerador surge diante de uma situação de fato ou de uma situação jurídica. Cuidando-se de situação de fato, a ocorrência e os efeitos do fato gerador se dão desde o momento em que se verifiquem as circunstâncias materiais necessárias a que produza os efeitos que normalmente lhe são próprios (art. 116, I, do CTN). Ou seja, o aplicador da lei precisa identificar a realização material do evento previsto na lei, como é o caso da prestação de um serviço de qualquer natureza.

Por outro lado, o fato gerador correspondente a uma situação jurídica ocorre desde o momento em que esta esteja definitivamente constituída (juridicamente aperfeiçoada), nos termos de direito aplicável (art. 116, II, do CTN). Nesse caso, o aplicador da lei deve averiguar as regras jurídicas pertinentes para concluir que o fato gerador do tributo se consumou, como é o caso da propriedade de um bem imóvel.

Vale mencionar que o art. 116 do CTN está relacionado ao aspecto temporal do fato gerador dos tributos, definindo-o para as situações em que a lei instituidora não venha a determiná-lo.

Em caráter supletivo ao inciso II do art. 116, o art. 117 do próprio CTN trata dos negócios jurídicos condicionais, que são

---

[165] OLIVEIRA, José Jayme de Macedo. *Código Tributário Nacional*: comentários, doutrina, jurisprudência. Rio de Janeiro: Saraiva, 1998. p. 292.

aqueles cujo efeito do ato jurídico está subordinado a evento futuro e incerto. O inciso I do referido art. 117 estabelece que, sendo suspensiva a condição, o fato gerador considera-se ocorrido desde o momento de seu implemento. Vale lembrar que a condição suspensiva ocorre quando se protela a eficácia do ato até a materialização de acontecimento futuro e incerto. Enquanto não ocorrer o evento, não haverá efeito na esfera tributária.

Já o inciso II do mesmo art. 117 determina que, "sendo resolutória a condição, o fato gerador se considera ocorrido desde o momento da prática do ato ou da celebração do negócio". A cláusula resolutiva tem por finalidade a extinção do direito criado pelo ato, depois da concretização do acontecimento futuro e incerto.

Como orienta a doutrina[166] em direito tributário, constituem aspectos do fato gerador os que se seguem.

Aspecto material

É o "núcleo" ou "materialidade" do fato gerador, que é a própria situação fática, descrita pelo legislador, apta a gerar a obrigação tributária. Normalmente, vem expresso por um verbo e um complemento (v.g., "auferir renda", "adquirir imóvel").

O núcleo do fato gerador são as situações que a lei elege como aptas a gerar a incidência do tributo. A compra e venda de imóvel é uma situação apta a gerar o pagamento do imposto sobre transmissão inter vivos (ITBI). Da mesma forma, a propriedade de um imóvel localizado em área urbana de determinado município é situação apta a gerar o pagamento do imposto sobre a propriedade predial e territorial urbana (IPTU).

---

[166] TORRES, Ricardo Lobo. *Curso de direito financeiro e tributário*, 2004, op. cit., p. 249 e segs.; ROSA JR., Luiz Emygdio F. da. *Manual de direito tributário*, 2005, op. cit., p. 510-511.

Aspecto subjetivo

Tal aspecto está representado pelos sujeitos ativo e passivo. O primeiro é o credor da obrigação tributária, enquanto o segundo é o devedor. Em relação ao sujeito ativo da obrigação tributária, tem-se uma discussão sobre ser este o titular da competência ou da capacidade tributária ativa. Somente os entes federativos têm a competência tributária. Já a capacidade tributária ativa é a capacidade de cobrar/exigir (art. 7º do CTN). A competência tributária é indelegável, mas a capacidade tributária ativa é delegável.

O que importa, na prática, é sabermos quem é a pessoa legitimada para aparecer nos polos ativo e passivo das ações judiciais.

Quando a ação tem cunho de cobrança ou cunho desconstitutivo (execução fiscal, ação anulatória ou embargos do devedor), a pessoa jurídica legitimada a aparecer no polo ativo ou passivo da ação é o titular da capacidade tributária ativa, independentemente de quem é o titular da competência tributária.

Nas ações que discutem a própria relação jurídico-tributária, o legitimado é o titular da competência tributária.

Vale atentar que o STJ determina que se a integralidade do tributo pertence a uma determinada pessoa, tenha ela ou não capacidade tributária ativa ou competência tributária, deve esta pessoa constar como litisconsorte passivo-tributário na ação.

Aspecto espacial

Trata-se do lugar onde ocorre o fato gerador, de acordo com o âmbito espacial da lei. Tal aspecto se mostra relevante para a determinação de qual ente da federação será o competente para proceder à tributação. A correta delimitação do aspecto espacial do fato gerador pode dirimir eventuais conflitos, por exemplo, entre municípios que se julguem competentes para cobrar o ISS (imposto sobre serviços de qualquer natureza) incidente sobre a prestação de determinado serviço.

Aspecto temporal

Diz respeito ao momento em que ocorre o fato gerador. Trata-se de aspecto importante para a identificação sobre qual será a lei que vai reger determinado fato, ou seja, é importante para solucionar os eventuais conflitos de leis no tempo, principalmente com relação ao princípio da anterioridade tributária. Quanto ao aspecto temporal, existem três tipos de fatos geradores:

1) *Fato gerador instantâneo.* Um único fato ocorre em certo momento do tempo e nele se esgota totalmente – v.g., a importação de certo bem, no imposto de importação (II); a transmissão de um imóvel, no ITBI. Para cada fato gerador que se realiza, surge uma obrigação de pagar tributo.

2) *Fato gerador periódico ou complexivo.* Abrange diversos fatos isolados que ocorrem em determinado intervalo de tempo. Esses fatos, somados, aperfeiçoam o fato gerador do tributo. O fato gerador será a soma de todos os fatos que ocorreram em um determinado intervalo de tempo. O IR (imposto sobre a renda e proventos de qualquer natureza) é um exemplo de fato gerador periódico, pois inclui a soma de vários fatos, que ocorreram em um determinado período durante o qual o contribuinte auferiu renda, aptos a gerar o pagamento do imposto. Mas deve-se atentar para a circunstância de que o desconto em folha do imposto sobre a renda na fonte não é pagamento de imposto, e sim antecipação do pagamento do tributo. O fato gerador vai se aperfeiçoar no decorrer do ano, quando se faz a declaração de ajuste anual. Nesse momento, verificar-se-á tudo o que foi pago antecipadamente e, então,

será constatado se há tributo a pagar, a restituir ou se foram zeradas as contas com o governo.

3) *Fato gerador continuado.* Ocorre quando a situação do contribuinte se mantém no tempo, mas a apuração do imposto é mensurada em cortes temporais. Assim, pelo fato de ser determinado e quantificado em certo momento do tempo, assemelha-se ao fato gerador instantâneo, porém aproxima-se do fato gerador periódico ao incidir por intervalos de tempo. Nessa modalidade, é indiferente se as características da situação foram se alterando ao longo do tempo, porque o que importa são as características presentes no dia em que se considera o fato ocorrido. Em verdade, trata-se de espécie de fato gerador relacionado a situações que tendem a permanecer no tempo, como acontece com a propriedade de um imóvel ou de um automóvel, por mais que a mesma seja transferida a terceiros.

Aspecto quantitativo

Fixa o valor da obrigação tributária – o *quantum debeatur.* Existem dois elementos na fixação da obrigação tributária: a base de cálculo e a alíquota.[167]

Base de cálculo é a expressão legal e econômica do fato gerador. É a grandeza sobre a qual incide a alíquota. Algumas bases de cálculo se confundem com o próprio fato gerador do tributo, como é o caso do imposto sobre a renda e proventos de qualquer natureza, em que o fato gerador é a renda e, também, sua base de cálculo. Então, há uma correspondência entre a base de cálculo e o fato gerador, sendo que essa correspondência não é obrigatória. Não deve haver, necessariamente, uma correspon-

---

[167] ROSA JR., Luiz Emygdio F. da. *Manual de direito tributário,* 2009b, op. cit., p. 287. O autor identifica esse aspecto com o mesmo sentido conceitual, contudo sob a nomenclatura de "aspecto valorativo".

dência ideal, e sim uma pertinência, ou seja, a base de cálculo tem de expressar a medida de grandeza do fato gerador.

Deve-se acrescentar que os tributos fixos não têm base de cálculo porque sua quantificação está previamente definida na lei, ou seja, aquelas hipóteses em que o valor do tributo é fixado pela própria previsão normativa, não havendo nem base de cálculo, nem alíquotas individualizadas, sendo exemplo claro o ISS incidente sobre os serviços prestados por profissionais liberais.

A base imponível, por seu turno, mede e confere determinado fato praticado pelo sujeito passivo. Assim, numa dada operação, o legislador pode eleger como base imponível a medida da operação (litros, metros etc.) ou seu valor ("x" reais). Pode ser a base imponível de duas espécies distintas:

1) *Base imponível em dinheiro*. É a base de cálculo comum (hodierna) e está sempre relacionada à alíquota *ad valorem* (expressa em percentual). Assim, para que se possa, por exemplo, calcular o valor do IPTU, deve-se determinar o valor venal do imóvel (base de cálculo expressa em dinheiro) e multiplicá-lo por uma alíquota de "x" % (por cento).

2) *Base imponível técnica*. É uma unidade de medida qualquer que não seja dinheiro. A unidade de medida existe porque em certos tributos é mais fácil e seguro para o ente tributante o controle da quantidade do que o controle do valor de determinada operação. A tributação com base no controle da atividade é muito comum na área petrolífera. Sobre a unidade de medida incide uma alíquota específica, que normalmente é um valor fixo em dinheiro. Suponha-se, portanto, que o II (imposto sobre importação de produtos estrangeiros) sobre o aço seja de R$ 100,00 por tonelada. A tonelada será a base de cálculo técnica e os R$ 100,00 serão a alíquota específica. Portanto, a alíquota específica é sempre referente a uma base de cálculo técnica.

Alíquota é a fração ou quota estabelecida na lei a que o Estado faz jus sobre o fato jurídico tributário (base de cálculo). Via de regra, a determinação do montante do tributo devido depende da aplicação da alíquota sobre a base de cálculo. A alíquota pode ser:

1) *Alíquota ad valorem.* Expressa-se na forma de percentual e incide sobre base de valor (*v.g.*, preço de arrematação, de venda, de serviço etc.).

2) *Alíquota específica.* É utilizada quando o legislador define a base de cálculo por outro critério diferente da pecúnia. Ou seja, é um *quantum* fixo ou variável (expressão monetária) incidente sobre determinada unidade de medida (base imponível), não monetária, previamente fixada pela lei tributária (*v.g.*, litro para o caso dos combustíveis e das bebidas; metro para a hipótese da fabricação de tecidos; peso etc.). O *quantum* variável assim o é em função de escalas progressivas da base de cálculo (*v.g.*, R$ 1,00 por litro de gasolina, até cinquenta litros; R$ 2,00 por litro de gasolina, de 51 a 100 litros etc.). A adoção da alíquota específica é muito comum nos impostos aduaneiros, em que ocorre a importação e exportação de bens, e no IPI (imposto sobre produtos industrializados). Podemos vislumbrar, como exemplo, a cobrança de R$ 1,00 de IPI (*quantum*) a cada vintena de cigarros (base imponível).

Deve-se observar que a alíquota não se confunde com o tributo fixo, pois este é uma unidade monetária invariável em função de uma realidade fática estática. O tributo fixo é comum nas taxas cobradas em razão do exercício do poder de polícia, nas quais, em função de um ato invariável do Estado, estabelece-se um *quantum* fixo.

Finalmente, cumpre salientar que, em função de o CTN ter classificado a obrigação tributária em principal e acessória, foi induzido, pela postura conceitualista, a estabelecer duas espécies de fatos geradores:

1) *Fato gerador da obrigação principal*. É "a situação definida em lei como necessária e suficiente à sua ocorrência" (art. 114 do CTN). Deve-se observar que a doutrina e as leis tributárias, quando tratam do fato gerador da obrigação principal, referem-se ao fato gerador do tributo. Quando o objeto a ser tratado é o ilícito tributário, não é feita qualquer menção ao termo *fato gerador*, mas à infração tributária.

2) *Fato gerador da obrigação acessória*. É "qualquer situação que, na forma da legislação aplicável, impõe a prática ou a abstenção de ato que não configure obrigação principal" (art. 115 do CTN). O conceito é determinado por exclusão, pois é toda a hipótese que faça surgir uma obrigação cujo objeto não seja uma prestação pecuniária, como no caso do dever de emitir nota fiscal.

Vale destacar que a tributação se dá independentemente da licitude ou ilicitude, validade ou invalidade e eficácia ou ineficácia do ato (princípio do *non olet*). O ato ilícito não pode ser determinado como tipo tributário, pois o tributo passaria a ser sanção de ato ilícito, mas se a prática de ato ilícito se enquadra em um tipo tributário, o tributo deve ser pago.

Questões de automonitoramento

1) Após ler o capítulo, você é capaz de resumir os casos geradores do capítulo 7, identificando as partes envolvidas, os problemas atinentes e as soluções cabíveis?

2) Defina obrigação tributária.

3) Discorra sobre fato gerador e os elementos que compõem seu conceito.

4) Diferencie base de cálculo e alíquota.

5) Diferencie obrigação tributária principal e acessória a partir de seus fatos geradores.

6) Pense e descreva, mentalmente, alternativas para a solução dos casos geradores do capítulo 7.

5

Responsabilidade tributária

Roteiro de estudo

Responsabilidade tributária

A matéria referente à responsabilidade tributária está prevista nos arts. 128 a 138 do Código Tributário Nacional (CTN). De acordo com o art. 128 do referido diploma,

a lei pode atribuir de modo expresso a responsabilidade pelo crédito tributário a terceira pessoa, vinculada ao fato gerador da respectiva obrigação, excluindo a responsabilidade do contribuinte ou atribuindo-a a este em caráter supletivo do cumprimento total ou parcial da referida obrigação.

A figura do responsável é espécie do gênero *sujeito passivo* da obrigação tributária, sendo aquele que, sem revestir a condição de contribuinte, possui obrigação decorrente de disposição expressa de lei (art. 121, parágrafo único, II, do CTN). Ao contrário do contribuinte que realiza concretamente o fato gerador da obrigação principal (*sujeito passivo direto*), o responsável é aquele que, de alguma forma, está relacionado à situação que constitui o fato gerador (*sujeito passivo indireto*).

De acordo com Luciano Amaro,[168] "esse personagem (que não é o contribuinte, nem, obviamente, ocupa o lugar do credor) é um terceiro, que não participa do binômio Fisco-contribuinte". Ou seja, é elegível como sujeito passivo à vista de um liame indireto com o fato gerador.

A responsabilidade tributária pode ser seccionada da seguinte forma:

1) por substituição:
a) retenção na fonte;
b) substituição tributária em operação única (tributação exclusiva na fonte);
c) substituição tributária em cadeia econômica (para trás e para frente);
2) por transferência:
a) por sucessão:
a.1) *inter vivos* (arts. 130 e 130, I, do CTN);
a.2) *mortis causa* (art. 131, I e II, do CTN);
a.3) societária (art. 132 do CTN);
a.4) comercial (art. 133 do CTN);
b) por imputação legal (responsabilidade de terceiros):
b.1) subsidiária (art. 134 do CTN);
b.2) pessoal (transferência por substituição; art. 135 do CTN).

Responsabilidade por substituição tributária

Na responsabilidade por substituição, a lei prevê que a obrigação tributária deva ser cumprida pelo *substituto* (responsável)

---

[168] AMARO, Luciano. *Direito tributário brasileiro*. 16. ed. São Paulo: Saraiva, 2010. p. 339.

ab initio. A obrigação tributária já nasce com seu polo passivo ocupado por um substituto legal tributário.

O motivo de tal simplificação para o fisco está em razões de ordem prática, para otimizar a cobrança e a fiscalização dos tributos, ou seja, é a busca da facilitação pela cobrança do *substituto*, ao invés da dispersão de esforços entre os diversos agentes espalhados pela cadeia produtiva e comercial.

O art. 128 do CTN estabelece os dois requisitos necessários para qualquer responsabilidade tributária, aplicando-se, portanto, à substituição tributária:

1) deve decorrer da lei, ou seja, deve haver previsão legal expressa de quem é o responsável;
2) deve existir um liame jurídico ou econômico entre o responsável e o fato gerador.

O princípio da capacidade contributiva é auferido em face do substituído, pois é este quem pratica o fato gerador do tributo. No entanto, o substituto, por estar no lugar do substituído, paga o valor correspondente ao débito tributário.

Retenção na fonte

No que se refere à natureza jurídica da retenção na fonte, existem duas correntes doutrinárias a respeito. Para a *primeira corrente*, defendida por Ricardo Lobo Torres,[169] a retenção na fonte é uma das formas de substituição tributária por consistir na retenção, por uma terceira pessoa vinculada ao fato gerador, do imposto devido pelo contribuinte. No imposto de renda, por exemplo, o empregador seria o substituto e o empregado o substituído.

---

[169] TORRES, Ricardo Lobo. *Curso de direito financeiro e tributário*. 11. ed. Rio de Janeiro: Renovar, 2004. p. 261.

Contudo, a *segunda corrente*, defendida, entre outros, por Sacha Calmon Navarro Coêlho[170] e Marco Aurélio Greco,[171] entende que a retenção na fonte é mero dever instrumental imposto a terceiro, o qual tem à sua disposição dinheiro pertencente ao contribuinte, em razão de relação extratributária. Ainda de acordo com essa segunda corrente, os agentes retentores não são sujeitos passivos da relação tributária, ou seja, não são contribuintes nem responsáveis, mas apenas agentes arrecadadores, por isso não podendo figurar no polo passivo da relação tributária. A consequência da adoção dessa linha de raciocínio é que os agentes retentores não teriam legitimidade para discutir a cobrança do tributo.

Ocorre que a consequência principal no caso da não realização da retenção é a possibilidade que o fisco terá de cobrar o tributo devido ao agente da retenção. Por essa razão, a *primeira corrente* parece entender que a retenção na fonte é hipótese de responsabilidade tributária por substituição.

Na retenção na fonte, o responsável (agente da retenção) antecipa parte do tributo que será devido pelo contribuinte. São exemplos de retenção na fonte as retenções de imposto de renda sobre pagamentos feitos a empregados, as retenções de imposto de renda, PIS, Cofins e CSLL incidentes sobre pagamentos a pessoas jurídicas, bem como a retenção de contribuições previdenciárias sobre o pagamento de serviços com cessão de mão de obra ou empreitada.

Como a retenção na fonte é considerada uma técnica de antecipação da receita dos tributos, em princípio, o aumento da alíquota ou da base de cálculo da retenção não constitui aumento

---

[170] COÊLHO, Sacha Calmon Navarro. *Curso de direito tributário brasileiro*: comentários à Constituição e ao Código Tributário Nacional, artigo por artigo. Rio de Janeiro: Forense, 2001. p. 613-615.
[171] GRECO, Marco Aurélio. *Substituição tributária*: ICMS. IPI. PIS. Cofins. São Paulo: IOB, 1997. p. 148.

de tributo apto a se submeter aos princípios da irretroatividade, anterioridade ou noventena.

SUBSTITUIÇÃO TRIBUTÁRIA EM OPERAÇÃO ÚNICA (TRIBUTAÇÃO EXCLUSIVA NA FONTE)

A substituição tributária em operação única, também denominada tributação exclusiva na fonte, ocorre nas hipóteses em que a lei determine que o responsável pague o tributo no lugar do contribuinte numa operação específica. É o que ocorre, por exemplo, no imposto de renda incidente sobre o 13º salário ou sobre os rendimentos de aplicações financeiras, bem como no ISS nos serviços previstos no art. 6º, § 2º, II, da Lei Complementar nº 116/2003.

SUBSTITUIÇÃO TRIBUTÁRIA PARA TRÁS

Na substituição tributária *para trás*, o elemento posterior da cadeia econômica paga pelo elemento anterior. O fato gerador já ocorreu quando da substituição tributária, ou seja, já estão delineados todos os elementos da relação obrigacional.

A lei, necessariamente, deve prever expressamente os casos em que a substituição ocorrerá. A modalidade em análise tem como característica predominante o fato de sua cadeia ser formada por um grupo disperso de contribuintes que se afunilam num grande contribuinte, sendo exemplo clássico o caso dos laticínios. A empresa de laticínios, para fabricar produtos derivados do leite, adquire-o de pequenos produtores. Sabe-se que é muito mais difícil para o fisco cobrar desses pequenos produtores leiteiros. Logo, a lei determina que a responsabilidade tributária incida sobre a grande empresa de laticínios, apesar de o fato gerador ter ocorrido no momento em que o produtor deu circulação ao leite.

SUBSTITUIÇÃO TRIBUTÁRIA PARA FRENTE

A base legal da substituição tributária *para frente* está no art. 150, § 7º, da CRFB. Trata-se de modalidade que foi positivada na Constituição Federal pela Emenda Constitucional (EC) nº 3/1993.

A substituição *para frente* é aquela em que o pagamento do tributo ocorre antes da ocorrência do fato gerador e envolve, normalmente, os impostos incidentes sobre a produção e a circulação, ou seja, impostos que seguem a cadeia econômica. O mecanismo é o seguinte: o elemento anterior da cadeia (A) paga o tributo para os demais elementos que estão na sua frente, antes mesmo de o fato gerador ocorrer para estes. De acordo com essa sistemática, a responsabilidade pelo pagamento do tributo é retirada do comerciante varejista e é passada para o atacadista ou para o industrial, o que leva o primeiro elemento da cadeia a pagar pelos demais elementos, mesmo antes de ocorrer o fato gerador.

A substituição tributária para frente pode ser vislumbrada no exemplo a seguir: imaginemos uma cadeia econômica no setor automobilístico em que A seja a montadora de automóveis, B, a concessionária, e C, o adquirente final. Como se sabe, quem sofre o ônus do tributo é o último da cadeia, ou seja, o adquirente. Porém, antes mesmo de o veículo chegar à concessionária, a montadora já pagou o ICMS[172] com base na presunção de que todos os automóveis serão vendidos. Por isso é que se fala em substituição tributária *para frente*, pois a montadora pagou um tributo que deveria ser pago na operação que se realizaria em momento posterior.

---

[172] Imposto sobre a circulação de mercadorias e sobre a prestação de serviços de transporte interestadual e intermunicipal e de comunicação.

A situação descrita acima se dá porque existem muito menos montadoras de automóveis do que concessionárias; então fica mais fácil para o fisco cobrar das primeiras. O mesmo ocorre, via de regra, na cadeia econômica dos cigarros, das bebidas e dos remédios.

Concluindo, na substituição tributária para frente, o elemento anterior da cadeia paga pelo elemento posterior. Não há que se confundir a incidência com o pagamento: a incidência tributária se dá na operação da frente, mas o pagamento ocorre em operação anterior.

E se o fato gerador da substituição não ocorrer? A resposta à indagação requer um breve histórico. Antes do advento da EC nº 3/1993, discutia-se quanto à constitucionalidade dessa situação, pois havia o entendimento de que se estava atingindo dois princípios basilares do direito constitucional tributário: o princípio da capacidade contributiva – constatado no momento da ocorrência do fato gerador – e, também, o princípio da anterioridade, porque se estaria cobrando um tributo antes da ocorrência do fato gerador.

A controvérsia foi dirimida pelo STF (RE nº 213.396/SP[173] e nº 194.382/SP).[174] A Suprema Corte entendeu que, após a EC nº 3/1993, não há que se falar em inconstitucionalidade, visto que o poder constituinte derivado está excepcionando princípios, e isso é perfeitamente possível, porque se trata de uma norma constitucional. Portanto, só houve discussão quanto à constitucionalidade relativamente ao período anterior à EC nº 3/1993, pois a lei previa a substituição para frente sem haver previsão constitucional. Porém, o STF julgou constitucionais

---

[173] BRASIL. Supremo Tribunal Federal. RE nº 213.396/SP. Relator: ministro Ilmar Galvão. Primeira Turma. Julgamento em 2 de agosto de 1999. *DJ*, 1º dez. 2000.
[174] BRASIL. Supremo Tribunal Federal. RE nº 194.382/SP. Relator: ministro Maurício Corrêa. Julgamento em 25 de abril de 2003. *DJ*, 25 abr. 2003.

as disposições legais arguidas de inconstitucionalidade, ficando sedimentado que, na verdade, não se está antecipando a ocorrência do fato gerador, e sim antecipando o pagamento.

Vale consignar que o § 7º do art. 150 da CRFB determina que, caso não se realize o fato gerador presumido, a lei assegurará "a imediata e preferencial restituição da quantia paga".[175] A Lei Complementar (LC) nº 87/1996, também conhecida como Lei Kandir, que trata do ICMS, prevê, em seu art. 10, que o ressarcimento ocorrerá através de pedido escrito do contribuinte, tendo o estado 90 dias para deferi-lo ou não. Caso o deferimento não se dê expressamente dentro do prazo, o pedido estará tacitamente deferido, ou seja, terminado esse prazo o contribuinte poderá se creditar.

O art. 10 da LC em referência é criticável e aparentemente inconstitucional, porque a CRFB estabelece imediata e preferencial restituição, não mencionando nada a respeito do prazo de 90 dias. Por outro lado, a Fazenda Pública defende a constitucionalidade do dispositivo argumentando que a "imediata e preferencial restituição" ocorre de acordo com os termos da lei.

Quem tem direito de pleitear a devolução do tributo pago? Caso o fato gerador não se realize, quem tem o direito de pedir a devolução do tributo pago é o substituído, pois é ele quem sofre o ônus econômico (art. 10 da LC nº 87/1996). Apesar de o substituto fazer a retenção do tributo na fatura e proceder ao recolhimento no banco, não pode pedir a restituição já que não sofre nenhum ônus econômico.

Portanto, quando a montadora de automóveis (substituto) vende os veículos para a concessionária (substituída), ela retém o

---

[175] "Art. 150. [...]. § 7º. A lei poderá atribuir a sujeito passivo de obrigação tributária a condição de responsável pelo pagamento de imposto ou contribuição, cujo fato gerador deva ocorrer posteriormente, assegurada a imediata e preferencial restituição da quantia paga, caso não se realize o fato gerador presumido. (Incluído pela Emenda Constitucional nº 3, de 1993)"

imposto e o recolhe, mas é a concessionária quem foi realmente onerada, sendo esse o motivo pelo qual a última tem o direito de pleitear a restituição. Quem tem o direito de se creditar é o substituído, ou seja, a pessoa que sofre o ônus econômico. Vale consignar, por oportuno, que, embora exista precedente que reconheça o direito de o contribuinte pleitear a restituição do imposto recolhido a maior, desde que comprovada sua submissão ao regime de substituição tributária e que promoveu a venda por preço inferior àquele estipulado/presumido pela Fazenda Pública, o posicionamento jurisprudencial dominante é aquele contido na ADI n⁰ 1.851-4/AL.[176]

A ADI n⁰ 1.851-4/AL, que tinha como controvérsia central a análise da constitucionalidade da cláusula segunda do Convênio ICMS n⁰ 13/1997,[177] julgou como juridicamente irrelevante a circunstância de o tributo ter sido recolhido a maior ou a menor, porquanto a base de cálculo é definida previamente em lei e, nesse sentido, não importa se esta, posteriormente, veio, ou não, a corresponder à realidade. Para uma melhor compreensão do tema, vale contextualizar a celeuma que girou em torno de tal ação direta de inconstitucionalidade, um dos *leading cases* sobre o tema. Para tanto, transcreve-se a ementa do acórdão:

EMENTA: TRIBUTÁRIO. ICMS. SUBSTITUIÇÃO TRIBUTÁRIA. CLÁUSULA SEGUNDA DO CONVÊNIO 13/97 E §§ 6⁰ E 7⁰ DO ART. 498 DO DEC. N⁰ 35.245/91 (REDAÇÃO DO ART. 1⁰ DO DEC. N⁰ 37.406/98), DO ESTADO DE ALAGOAS. ALEGADA OFENSA AO § 7⁰ DO ART. 150 DA CF (REDAÇÃO

---

[176] BRASIL. Supremo Tribunal Federal. ADI n⁰ 1.851/AL. Relator: ministro Ilmar Galvão. Tribunal Pleno. Julgamento em 8 de maio de 2002. *DJ*, 20 maio 2010.
[177] Cláusula segunda: "Não caberá a restituição ou cobrança complementar do ICMS quando a operação ou prestação subsequente à cobrança do imposto, sob a modalidade da substituição tributária, se realizar com valor inferior ou superior àquele estabelecido com base no artigo 8⁰ da Lei Complementar 87, de 13 de setembro de 1996".

DA EC 3/1993) E AO DIREITO DE PETIÇÃO E DE ACESSO AO JUDICIÁRIO. Convênio que objetivou prevenir guerra fiscal resultante de eventual concessão do benefício tributário representado pela restituição do ICMS cobrado a maior quando a operação final for de valor inferior ao do fato gerador presumido. Irrelevante que não tenha sido subscrito por todos os Estados, se não se cuida de concessão de benefício (LC 24/75, art. 2º, INC. 2º). Impossibilidade de exame, nesta ação, do decreto, que tem natureza regulamentar. A EC nº 03/1993, ao introduzir no art. 150 da CF/88 o § 7º, aperfeiçoou o instituto, já previsto em nosso sistema jurídico-tributário, ao delinear a figura do fato gerador presumido e ao estabelecer a garantia de reembolso preferencial e imediato do tributo pago quando não verificado o mesmo fato a final. A circunstância de ser presumido o fato gerador não constitui óbice à exigência antecipada do tributo, dado tratar-se de sistema instituído pela própria Constituição, encontrando-se regulamentado por lei complementar que, para definir-lhe a base de cálculo, se valeu de critério de estimativa que a aproxima o mais possível da realidade. A lei complementar, por igual, definiu o aspecto temporal do fato gerador presumido como sendo a saída da mercadoria do estabelecimento do contribuinte substituto, não deixando margem para cogitar-se de momento diverso, no futuro, na conformidade, aliás, do previsto no art. 114 do CTN, que tem o fato gerador da obrigação principal como a situação definida em lei como necessária e suficiente à sua ocorrência. O fato gerador presumido, por isso mesmo, não é provisório, mas definitivo, não dando ensejo a restituição ou complementação do imposto pago, senão, no primeiro caso, na hipótese de sua não realização final. Admitir o contrário valeria por despojar-se o instituto das vantagens que determinaram a sua concepção e adoção, como a redução, a um só tempo, da máquina-fiscal e da evasão fiscal a dimensões mínimas, propiciando, portanto, maior comodidade, economia, eficiência e celeridade às atividades de tributação e arrecadação. Ação conhecida apenas em parte e, nessa parte, julgada improcedente.

Destarte, pugnando por tal linha de raciocínio, reconhecendo a constitucionalidade da cláusula avençada no Convênio ICMS 1 nº 3/1997, a Suprema Corte vedou a restituição do referido imposto nas hipóteses em que a operação subsequente à cobrança da exação, sob a sistemática da substituição tributária para frente, realizar-se com valor inferior ao efetivamente recolhido antecipadamente por força da utilização da base de cálculo presumida, ou seja, quando a base de cálculo real for menor que a base de cálculo estabelecida legalmente pelo fisco.

Note-se que tal decisão refletiu, de fato, na inclusão, pelos estados conveniados, de diversos produtos no regime de substituição tributária e, não raro, estabelecendo preços elevados como base de cálculo presumida. E mais, os estados de Pernambuco e São Paulo, diante do teor do julgamento da ADI nº 1.851-4/ AL, ajuizaram duas ações diretas de inconstitucionalidade em face de dispositivos de leis de suas próprias esferas estaduais que garantem a restituição do ICMS pago antecipadamente no regime de substituição tributária, nas hipóteses em que a base de cálculo da operação for inferior à presumida, isto é, proveniente da diferença que pode surgir de ICMS entre o valor da mercadoria com base na margem de valor agregado (MVA) e o montante real da venda.

Em setembro de 2009, o Supremo Tribunal Federal resolveu, em vista de questão de ordem suscitada pelo senhor ministro Carlos Britto, que o julgamento de ambas as ADIs (nº 2.675/PE e nº 2.777/SP) deveria ser sobrestado para ser realizado em conjunto com o RE nº 593.849/MG, tendo em vista o reconhecimento da existência de repercussão geral da questão constitucional suscitada.

Vale ressaltar que, atualmente, há um empate de cinco votos a cinco no julgamento das ações diretas de inconstitucionalidade retromencionadas, devendo-se aguardar seu desfecho para se definir qual será a posição do Supremo acerca dessa matéria.

Responsabilidade por transferência

Na responsabilidade por transferência, a obrigação tributária nasce em face do contribuinte, que pratica o fato gerador. Entretanto, por circunstâncias posteriores estabelecidas em lei, a responsabilidade pelo pagamento do tributo é transferida para outra pessoa.

Nesse ponto é que fica estabelecida a diferença básica entre a responsabilidade por substituição e a responsabilidade por transferência, pois nesta última a responsabilidade somente surgirá após a ocorrência do fato gerador do tributo, tendo em vista circunstâncias previstas pela lei. Assim, introduz-se a figura do responsável, cabendo à lei que atribuiu a responsabilidade determinar se fica mantido o dever do contribuinte.

Vale salientar que o contribuinte é o sujeito passivo inerente, pois é ele que manifesta a capacidade contributiva a ser tributada. Nesse sentido, a exclusão de sua responsabilidade pela lei só pode se dar de forma expressa e clara. Caso o responsável tenha sido incluído pela lei sem a exclusão do contribuinte e sem a determinação de responsabilidade subsidiária de um ou de outro, estaremos diante de responsabilidade solidária.

É o que acontece, por exemplo, na sucessão de bens móveis: Caio (contribuinte) adquire uma motocicleta nova – nesse momento, ocorre o fato gerador do IPVA –, mas uma semana depois da compra, vende a moto para Tício, o que provoca igualmente o nascimento da responsabilidade tributária para Tício. Ou seja, em função de uma circunstância que aconteceu após a ocorrência do fato gerador, nasce a responsabilidade tributária sem que o contribuinte deixe de responder pela dívida.

TRANSFERÊNCIA POR SUCESSÃO

A transferência por sucessão, que implica a modificação subjetiva passiva, pode ser *inter vivos*, *causa mortis*, societária ou comercial.

Transferência por sucessão inter vivos

A base legal da transferência por sucessão *inter vivos* está prevista nos arts. 130 e 131, I, do CTN. De acordo com o art. 130, os créditos tributários relativos a impostos que tenham como fatos geradores a propriedade, o domínio útil ou a posse de bens imóveis, assim como os relativos a taxas pela prestação de serviços referentes a tais bens, ou a contribuições de melhoria, sub-rogam-se na pessoa dos respectivos adquirentes, a não ser que conste do título a prova de sua quitação, o que demonstraria a extinção da obrigação.

Conforme o teor do dispositivo, se Caio tem um imóvel com débito de IPTU referente aos anos de 2000 a 2004 e o vende para Tício, o débito tributário vai passar para o último, que se sub-roga naquele débito, salvo se no título constar a prova de quitação.

O parágrafo único do mesmo art. 130 do CTN determina que a sub-rogação ocorra sobre o respectivo preço na hipótese de arrematação em hasta pública. Ou seja, no caso de imóvel adquirido em hasta pública, o valor do tributo vai estar embutido no preço de venda. Importante lembrar que a aquisição em hasta pública é originária, de modo que a parte adquire o imóvel sem quaisquer ônus.

Transferência por sucessão causa mortis

De acordo com o art. 131, II, do CTN, o sucessor é o herdeiro ou o legatário. É fácil depreender que o dispositivo trata da sucessão *causa mortis*, pois estabelece que a responsabilidade está limitada aos "tributos devidos pelo *de cujus*" e às forças do quinhão ou meação do cônjuge supérstite. A limitação da responsabilidade existe exatamente para atender à capacidade econômica do sucessor responsável. Por sua vez, o art. 131, III, do CTN estabelece que o espólio responde não só pelos tributos relativos aos bens deixados e pelos que vencerem até a partilha, como também pelos do *de cujus* antes da abertura da sucessão.

Transferência por sucessão societária

De acordo com o art. 132, *caput*, do CTN, quando a pessoa jurídica de direito privado resultar de fusão, transformação em outra ou incorporação de outra, será responsável pelos tributos devidos até a data do ato, pelas pessoas jurídicas de direito privado fusionadas, transformadas ou incorporadas. Por sua vez, o parágrafo único do mesmo dispositivo determina que o *caput* do artigo se aplica aos casos de extinção de pessoas jurídicas de direito privado, quando a exploração da respectiva atividade seja continuada por qualquer sócio remanescente, ou seu espólio, sob a mesma firma ou outra razão social, ou sob firma individual.

O CTN prevê, como mencionado, três hipóteses de mudança empresarial:

1) *Fusão*. Ocorre quando duas ou mais empresas se juntam formando uma nova. Os tributos devidos são transferidos para a nova sociedade empresária, evitando-se, dessa forma, que os débitos tributários das sociedades fusionadas desapareçam em decorrência de sua transformação.

2) *Transformação.* Refere-se à alteração da forma societária da sociedade (v.g., quando uma sociedade limitada se transforma em uma anônima), o que, de rigor, sequer caracteriza hipótese de responsabilidade, tendo em vista que apenas a forma societária do contribuinte foi alterada.

3) *Incorporação.* Ocorre quando uma empresa absorve outra, que desaparece.

Cabe ressaltar que parcela doutrinária entende que tal enumeração do art. 132 do CTN não é um rol taxativo, mas sim exemplificativo. Logo, essa visão possibilita agregar a tal rol uma quarta hipótese, representada pela cisão – que ocorre quando uma sociedade fragmenta-se em diferentes sociedades. A base argumentativa dessa doutrina é que quando o CTN entrou em vigor, ainda não existia a Lei das Sociedades Anônimas (Lei nº 6.404/1976) e a previsão do instituto da cisão no ordenamento jurídico. Para uma minoria doutrinária,[178] a falta de menção expressa à cisão no art. 132 do CTN levaria à aplicação dos arts. 229 e 233 da Lei das S/A para a determinação da responsabilidade tributária na cisão.

Transferência por sucessão comercial

A pessoa natural ou jurídica de direito privado que adquirir de outra, por qualquer título, fundo de comércio ou estabeleci-

---

[178] Parcela doutrinária representada especialmente pela jurisprudência dos Tribunais administrativos. Nesse sentido: "Acórdão CSRF/03-04.100 em 06.07.2004. CISÃO PARCIAL – RESPONSABILIDADE TRIBUTÁRIA – SOLIDARIEDADE – Na cisão parcial a companhia sucessora e a empresa cindida respondem solidariamente pelas obrigações desta última nos termos dos arts. 233 da Lei nº 6.404/76, 124 e 132, do CTN. Recurso a que se dá provimento"; "Acórdão CSRF/03-03.291, de 08.07.2002. RECURSO ESPECIAL DE DIVERGÊNCIA – ADMISSIBILIDADE [...] CISÃO PARCIAL – RESPONSABILI-DADE TRIBUTÁRIA – SOLIDARIEDADE – Na cisão parcial a companhia sucessora e a empresa cindida respondem solidariamente pelas obrigações desta última nos termos dos arts. 233 da lei nº 6.404/76, 124 e 132, do CTN. Recurso Especial de Divergência ao qual se nega provimento. Por unanimidade de votos, NEGAR provimento ao recurso".

mento comercial, industrial ou profissional, e der continuidade à respectiva exploração, sob a mesma ou outra razão social ou sob firma ou nome individual, responderá pelos tributos relativos ao fundo ou estabelecimento adquirido, devidos até a data do ato, na forma do que preceitua o art. 133 do CTN, *verbis*:

> Art. 133 [...]
> I - integralmente, se o alienante cessar a exploração do comércio, indústria ou atividade;
> II - subsidiariamente com o alienante, se este prosseguir na exploração ou iniciar dentro de 6 (seis) meses, a contar da data da alienação, nova atividade no mesmo ou em outro ramo de comércio, indústria ou profissão.

A transferência por *sucessão comercial* diferencia-se da *sucessão societária* porque nesta há mudança na estrutura societária, ou seja, não há transferência de propriedade, enquanto naquela existe a figura do adquirente e do alienante de fundo de comércio (fundo de empresa).

De acordo com o que dispõe o CTN, a responsabilidade será integral do adquirente quando o alienante cessar a exploração. A maior parte da doutrina entende que se trata de responsabilidade solidária entre alienante e adquirente, uma vez que o termo *integralmente* não seria sinônimo de *exclusivamente*. Por outro lado, se o alienante continuar exercendo a atividade ou iniciar uma nova atividade dentro de seis meses, a responsabilidade do adquirente vai ser subsidiária.

Débitos tributários e o novo regime falimentar

A Lei Complementar nº 118, de 9 de fevereiro de 2005, ao acrescentar parágrafos ao *caput* do art. 133 do CTN, criou restrições à imputação da transferência de responsabilidade tributária por sucessão comercial. Vejamos o que dispõem os parágrafos acrescentados:

Art. 133 [...]

§ 1º. O disposto no *caput* deste artigo não se aplica na hipótese de alienação judicial:

I - em processo de falência;

II - de filial ou unidade produtiva isolada, em processo de recuperação judicial.

§ 2º. Não se aplica o disposto no § 1º deste artigo quando o adquirente for:

I - sócio da sociedade falida ou em recuperação judicial, ou sociedade controlada pelo devedor falido ou em recuperação judicial;

II - parente, em linha reta ou colateral até o 4º (quarto) grau, consanguíneo ou afim, do devedor falido ou em recuperação judicial ou de qualquer de seus sócios; ou

III - identificado como agente do falido ou do devedor em recuperação judicial com o objetivo de fraudar a sucessão tributária.

§ 3º. Em processo da falência, o produto da alienação judicial de empresa, filial ou unidade produtiva isolada permanecerá em conta de depósito à disposição do juízo de falência pelo prazo de 1 (um) ano, contado da data de alienação, somente podendo ser utilizado para o pagamento de créditos extraconcursais ou de créditos que preferem ao tributário.

A partir da leitura dos dispositivos ora transcritos, verifica-se claramente a intenção do legislador no sentido de estimular a satisfação dos credores do contribuinte que se encontra em processo de falência ou de recuperação judicial. Isso porque o fato de o adquirente ter que recolher os tributos relativos ao bem adquirido – regra observada até então – inibia a efetividade dos processos de recuperação ou falência.[179] Com efeito, o novel § 1º do art. 133 do CTN prevê expressamente a exclusão da responsabilidade do sucessor quanto aos tributos relativos a: (1) fundo de comércio ou estabelecimento, industrial ou profissional, adquirido em alienação judicial no curso do processo de falência; (2) filial ou unidade produtiva isolada de empresa em processo de recuperação judicial.

Adicionalmente, percebe-se que o § 2º do dispositivo em questão estabelece restrições a essa benesse com o intuito de evitar que o mesmo seja utilizado de forma inidônea.

Finalmente, ao acrescentar o § 3º na redação do art. 133 do CTN, o legislador vinculou o produto da alienação judicial à satisfação dos créditos extraconcursais[180] e àqueles derivados da legislação do trabalho e dos créditos com garantia real.[181]

RESPONSABILIDADE POR IMPUTAÇÃO LEGAL OU DE TERCEIROS

Responsabilidade subsidiária por omissão específica

O art. 134 do CTN dispõe que, nos casos de impossibilidade de exigência do cumprimento da obrigação principal pelo

---

[179] Note-se que, à exceção de seus arts. 3º e 4º, a LC nº 118/2005 foi editada para adaptar o CTN à Lei nº 11.101, de 9 de fevereiro de 2005, que reformulou as normas relativas ao processo de falência.
[180] De acordo com o art. 84 da Lei nº 11.101/2005, "serão considerados créditos extraconcursais [...] os relativos a: I - remunerações devidas ao administrador judicial e seus auxiliares, e créditos derivados da legislação do trabalho ou decorrentes de acidentes de trabalho relativos a serviços prestados após a decretação da falência; II - quantias fornecidas à massa pelos credores; III - despesas com arrecadação, administração, realização do ativo e distribuição do seu produto, bem como custas do processo de falência; IV - custas judiciais relativas às ações e execuções em que a massa falida tenha sido vencida; V - obrigações resultantes de atos jurídicos válidos praticados durante a recuperação judicial [...] ou após a decretação da falência, e tributos relativos a fatos geradores ocorridos após a decretação da falência, respeitada a ordem" legal.
[181] Vide o art. 83 da Lei nº 11.101/2005, principalmente os incisos I e II.

contribuinte, responderão solidariamente com este nos atos em que intervierem ou pelas omissões de que forem responsáveis:

I - os pais, pelos tributos devidos por seus filhos menores;

II - os tutores e curadores, pelos tributos devidos por seus tutelados ou curatelados;

III - os administradores de bens de terceiros, pelos tributos devidos por estes;

IV - o inventariante, pelos tributos devidos pelo espólio;

V - o síndico e o comissário, pelos tributos devidos pela massa falida ou pelo concordatário;

VI - os tabeliães, escrivães e demais serventuários de ofício, pelos tributos devidos sobre os atos praticados por eles, ou perante eles, em razão do seu ofício;

VII - os sócios, no caso de liquidação de sociedade de pessoas.

Importante dizer que a responsabilidade subsidiária, expressa nos incisos do artigo em tela, tem como fundamento a culpa *in vigilando*.

A responsabilidade prevista no art. 134 do CTN é subsidiária e não solidária. Ou seja, o fato gerador nasce em face do contribuinte, e, após sua ocorrência, a lei estabelece que outra pessoa passe a ser responsável pelo tributo.

Os pressupostos para a responsabilidade, nesses casos, são: (1) que o contribuinte não possa cumprir sua obrigação; (2) que o terceiro tenha participado do ato que configure o fato gerador do tributo, ou tenha indevidamente se omitido em relação a este; (3) a existência de uma relação entre a obrigação tributária e o comportamento daquele a quem a lei atribua responsabilidade.

A constatação de que a responsabilidade é subsidiária, e não solidária, pode ser feita pela simples leitura do artigo mencionado, haja vista a redação dele extraída: "nos casos de impossibilidade de cumprimento da obrigação principal". Assim, caso o contribuinte não pague, caberá ao responsável a incumbência de fazê-lo.

Responsabilidade pessoal (art. 135 do CTN)

O art. 135 do CTN estabelece quem (*infrator*) está sujeito à responsabilidade pessoal e exclusiva. Vejamos:

I - as pessoas referidas no artigo anterior [ou seja, art. 134 do CTN: os pais, pelos tributos devidos por seus filhos menores; os tutores e curadores, pelos tributos devidos por seus tutelados ou curatelados; os administradores de bens de terceiros, pelos tributos devidos por estes; o inventariante, pelos tributos devidos pelo espólio; o síndico e o comissário, pelos tributos devidos pela massa falida ou pelo concordatário; os tabeliães, escrivães e demais serventuários de ofício, pelos tributos devidos sobre os atos praticados por eles, ou perante eles, em razão do seu ofício; os sócios, no caso de liquidação de sociedade de pessoas];

II - os mandatários, prepostos e empregados;

III - os diretores, gerentes ou representantes de pessoas jurídicas de direito privado.

A responsabilidade do agente será pessoal quando ocorrer infração à lei, ao contrato social ou estatutos, ou quando o agente agir com excesso de poder ou infração legal.

No que se refere à tese da atribuição de responsabilidade pessoal e exclusiva dos indicados no art. 135 do CTN, tendo por consequência direta a exoneração da responsabilidade da pessoa jurídica, a doutrina e a jurisprudência, em sua maioria,[182] têm

---

[182] Sustentando a tese minoritária de que a responsabilidade é pessoal, Luciano Amaro, comentando a previsão contida no art. 135 do CTN e confrontando-a com o teor do art. 134 do mesmo diploma, registra que "esse dispositivo exclui do polo passivo da

admitido que tal hipótese cuida, a rigor, de responsabilidade solidária ou mesmo subsidiária.

Hugo de Brito Machado[183] defende que a responsabilidade em tela é solidária, ou seja, a lei não atribuiu responsabilidade exclusiva aos indicados no mencionado artigo. Assim, para que houvesse exclusão da responsabilidade conjunta, esta teria de estar expressamente prevista na lei. Consigna o autor que

> a responsabilidade do contribuinte decorre de sua condição de sujeito passivo *direto* da relação obrigacional tributária. Independe de disposição legal que expressamente a estabeleça. Assim, em se tratando de responsabilidade inerente à própria condição de contribuinte, não é razoável admitir-se que desapareça sem que a lei o diga expressamente.[184]

Nesse passo, seria possível sustentar, assim como Leandro Paulsen,[185] que, caso a pessoa jurídica tenha de alguma forma se beneficiado do ato, ainda que este tenha sido praticado com infração à lei ou com excesso de poderes, sua responsabilidade será solidária, *ex vi* do disposto no art. 124 do próprio CTN, que atribui a solidariedade por interesse comum.[186]

---

obrigação a figura do contribuinte (que, em princípio, seria a pessoa em cujo nome e por cuja conta agiria o terceiro), ao mandar que o executor do ato responda *pessoalmente*. A responsabilidade pessoal deve ter aí o sentido [...] de que ela não é compartilhada com o devedor 'original' ou 'natural'. Não se trata, portanto, de responsabilidade subsidiária do terceiro, nem de responsabilidade solidária. Somente o terceiro responde, 'pessoalmente'" (AMARO, Luciano. *Direito tributário brasileiro*. 12. ed. rev. e atual. São Paulo: Saraiva, 2006. p. 327).

[183] MACHADO, Hugo de Brito. *Curso de direito tributário*. 26. ed. São Paulo: Malheiros, 2005. p. 167 e segs.

[184] Ibid., p. 169, grifo no original.

[185] PAULSEN, Leandro. *Direito tributário*: Constituição e Código Tributário à luz da doutrina e da jurisprudência. 12. ed. Porto Alegre: Livraria do Advogado, 2010. p. 916.

[186] Em sentido contrário, MORAES, Bernardo Ribeiro de. *Compêndio de direito tributário*. 3. ed. Rio de Janeiro: Forense, 1995. v. II, p. 522.

Luiz Emygdio F. da Rosa Jr.,[187] por seu turno, leciona que a hipótese versada no art. 135 do CTN é de responsabilidade subsidiária.

Restaria determinar, então, o que deve ser considerado infração à lei apta a determinar a responsabilidade pessoal. Por exemplo, se uma empresa simplesmente deixa de pagar um tributo no seu vencimento, em razão de não ter dinheiro em caixa, a inadimplência tributária acarreta diretamente a responsabilidade de seus gerentes?

Nos termos do art. 135, III, do CTN, o que gera responsabilidade é a condição de administrador de bens alheios: diretores, gerentes ou representantes de sociedades. Responsável é quem dirige e administra a empresa.

Ademais, não basta ser administrador. É necessário que o débito tributário resulte de ato praticado com excesso de poderes ou infração da lei, do contrato social ou do estatuto. Frise-se, embora não exista uma classificação exaustiva de todas as hipóteses em que esses legitimados sejam responsáveis, o simples não recolhimento de tributos não acarreta responsabilidade tributária, conforme a Súmula nº 430 do STJ.

Nesse sentido, é necessário outro ato de infração à lei, estatuto ou contrato que justifique a imposição de responsabilidade. Os tribunais têm admitido a responsabilidade dos gerentes em casos como os de crimes tributários (retenção e não repasse de contribuição previdenciária e imposto de renda de empregados), distribuição de lucros com tributos em aberto (art. 32 da Lei nº 4.357/1964) e, especialmente, dissolução irregular da sociedade (Súmula nº 435 do STJ).

Vale ressaltar, ainda, que o STF, em sede de repercussão geral, declarou a inconstitucionalidade do art. 13 da Lei nº

---

[187] ROSA JR., Luiz Emygdio F. da. *Manual de direito financeiro e tributário*. 20. ed. Rio de Janeiro: Renovar, 2007. p. 435.

8.620/1993, cujo teor atribuía responsabilidade solidária aos sócios das sociedades limitadas por débitos perante a seguridade social:

DIREITO TRIBUTÁRIO. RESPONSABILIDADE TRIBUTÁRIA. NORMAS GERAIS DE DIREITO TRIBUTÁRIO. ART. 146, III, DA CF. ART. 135, III, DO CTN. SÓCIOS DE SOCIEDADE LIMITADA. ART. 13 DA LEI 8.620/93. INCONSTITUCIONALIDADES FORMAL E MATERIAL. REPERCUSSÃO GERAL. APLICAÇÃO DA DECISÃO PELOS DEMAIS TRIBUNAIS. 1. Todas as espécies tributárias, entre as quais as contribuições de seguridade social, estão sujeitas às normas gerais de direito tributário. 2. O Código Tributário Nacional estabelece algumas regras matrizes de responsabilidade tributária, como a do art. 135, III, bem como diretrizes para que o legislador de cada ente político estabeleça outras regras específicas de responsabilidade tributária relativamente aos tributos da sua competência, conforme seu art. 128. 3. O preceito do art. 124, II, no sentido de que são solidariamente obrigadas "as pessoas expressamente designadas por lei", não autoriza o legislador a criar novos casos de responsabilidade tributária sem a observância dos requisitos exigidos pelo art. 128 do CTN, tampouco a desconsiderar as regras matrizes de responsabilidade de terceiros estabelecidas em caráter geral pelos arts. 134 e 135 do mesmo diploma. A previsão legal de solidariedade entre devedores – de modo que o pagamento efetuado por um aproveite aos demais, que a interrupção da prescrição, em favor ou contra um dos obrigados, também lhes tenha efeitos comuns e que a isenção ou remissão de crédito exonere a todos os obrigados quando não seja pessoal (art. 125 do CTN) – pressupõe que a própria condição de devedor tenha sido estabelecida validamente. 4. A responsabilidade tributária pressupõe duas normas autônomas: a regra matriz de incidência tributária e a regra matriz de responsabilidade tributária, cada uma com seu pressuposto de fato e seus sujeitos próprios. A referência ao responsável enquanto terceiro (*dritter Persone, terzo* ou *tercero*) evidencia que não participa da relação contributiva, mas de uma relação específica de responsabilidade tributária, inconfundível com aquela. O "terceiro" só pode ser chamado responsabilizado na hipótese de descumprimento de deveres próprios de colaboração para com a Administração Tributária, estabelecidos, ainda que a contrário sensu, na regra matriz de responsabilidade tributária, e desde que tenha contribuído para a situação de inadimplemento pelo contribuinte. 5. O art. 135, III, do CTN responsabiliza apenas aqueles que estejam na direção, gerência ou representação da pessoa jurídica e tão somente quando pratiquem atos com excesso de poder ou infração à lei, contrato social ou estatutos. Desse modo, apenas o sócio com poderes de gestão ou representação da sociedade é que pode ser responsabilizado, o que resguarda a pessoalidade entre o ilícito (mal gestão [sic] ou representação) e a consequência de ter de responder pelo tributo devido pela sociedade. 6. O art. 13 da Lei 8.620/93 não se limitou a repetir ou detalhar a regra de responsabilidade constante do art. 135 do CTN, tampouco cuidou de uma nova hipótese específica e distinta. Ao vincular à simples condição de sócio a obrigação de responder solidariamente pelos débitos da sociedade limitada perante a Seguridade Social, tratou a mesma situação genérica regulada pelo art. 135, III, do CTN, mas de modo diverso, incorrendo em inconstitucionalidade por violação ao art. 146, III, da CF. 7. O art. 13 da Lei 8.620/93 também se reveste de inconstitucionalidade material, porquanto não é dado ao legislador estabelecer confusão entre os patrimônios das pessoas física e jurídica, o que, além de impor desconsideração *ex lege* e objetiva da personalidade jurídica, descaracterizando as sociedades limitadas, implica irrazoabilidade e inibe a iniciativa privada, afrontando os arts. 5º, XIII, e 170, parágrafo único, da Constituição. 8. Reconhecida a inconstitucionalidade do art. 13 da Lei 8.620/93 na parte em que determinou que os sócios das empresas por cotas de responsabilidade limitada responderiam solidariamente, com seus bens pessoais, pelos débitos junto à Seguridade Social. 9. Recurso extraordinário da União desprovido. 10. Aos recursos sobrestados, que aguardavam a análise da matéria por este STF, aplica-se o art. 543-B, § 3º, do CPC.[188]

RESPONSABILIDADE POR INFRAÇÕES

A responsabilidade por infrações, instituída pelo art. 136 do CTN, é objetiva. Isso significa que independe da intenção do agente ou do responsável, não sendo, portanto, necessário que o fisco pesquise a presença do elemento subjetivo (dolo ou culpa). Ademais, as infrações de que trata o dispositivo em análise são as de natureza tributária (multas moratória e isolada) e não as de cunho penal.

Vale ressaltar, porém, que a responsabilidade objetiva é regra que comporta inúmeras exceções. Nesse sentido, sempre que desejado pela legislação tributária, a infração pode ter cunho subjetivo, exigindo-se a prova do elemento dolo ou culpa para a caracterização da infração.

Em certos casos, uma mesma infração tributária pode resultar em sanções administrativas e penais (ilícitas). É o caso do empregador que não repassa ao INSS (Instituto Nacional da Seguridade Social) a contribuição previdenciária de seu empregado, que fora retida na fonte. Nessa situação, o infrator se sujeita às sanções administrativas (multa moratória) e penais (crime de apropriação indébita tributária, previsto pelo art. 168-A do Código Penal Brasileiro).

---

[188] BRASIL. Supremo Tribunal Federal. RE nº 562.276/PR. Relatora: ministra Ellen Gracie. Tribunal Pleno. Julgamento em 13 de novembro de 2010. DJe, 10 fev. 2011.

Instituto importantíssimo na seara da responsabilidade tributária é a denúncia espontânea, que está expressa no art. 138 do CTN. É a exclusão da responsabilidade em decorrência do reconhecimento da prática de infração tributária (obrigação principal ou acessória) e eventual pagamento de tributo devido. Para configurar a denúncia espontânea, é preciso que esta seja apresentada antes do início de qualquer procedimento administrativo ou medida de fiscalização relacionada com a infração, na forma do parágrafo único do mesmo art. 138 do CTN.

O requisito da tempestividade é fundamental para a validade da denúncia espontânea, pois basta uma simples notificação recebida pelo sujeito passivo para que se descaracterize seu cabimento.

O contribuinte poderá, em certos casos, solicitar que a autoridade fiscal apure o montante do tributo devido. Após a apuração pelo fisco, o contribuinte deverá depositar o valor levantado, para que assim se configure a denúncia espontânea.

O Superior Tribunal de Justiça[189] tem entendimento pacífico no sentido de que a denúncia espontânea exclui a multa de natureza punitiva, desde que sejam pagos os juros e a correção monetária. No entanto, o mesmo tribunal entende que, mesmo havendo a denúncia espontânea pelo sujeito passivo, acompanhada do respectivo pagamento do eventual tributo devido, esta não o libera do pagamento da multa isolada, não sendo abrangida, portanto, pelo alcance do art. 138 do CTN. O fundamento de tal entendimento está na inexistência de vínculo entre a multa isolada e o fato gerador.[190]

---

[189] STJ. REsp nº 246.457/RS. Relatora: ministra Nancy Andrighi. Segunda Turma. Julgamento em 6 de abril de 2000. *DJ*, 8 maio 2000; STJ. REsp nº 246.723/RS. Relatora: ministra Nancy Andrighi. Segunda Turma. Julgamento em 6 de abril de 2000. *DJ*, 29 maio 2000.
[190] STJ. REsp nº 190.388/GO. Relator: ministro José Delgado. Primeira Turma. Julgamento em 3 de dezembro de 1998. *DJ*, 22 mar. 1999; STJ. REsp nº 195.161/GO. Relator:

Ademais, vale indagar: pode o pagamento parcelado do tributo, referente à denúncia espontânea, ser feito? Como fica a questão da multa nesse caso?

O Superior Tribunal de Justiça já firmou entendimento de que não configura denúncia espontânea o pagamento parcelado. Esse posicionamento prevalece mesmo quanto ao período anterior ao art. 155-A, *caput* e § 1º, do CTN, incluído pela Lei Complementar nº 104/2001.[191]

No que se refere às declarações que configuram confissão em dívida, o Supremo Tribunal de Justiça editou a Súmula nº 436 nos seguintes termos: "A entrega de declaração pelo contribuinte, reconhecendo o débito fiscal, constitui o crédito tributário, dispensada qualquer providencia por parte do Fisco".

Por consequência, destaca-se também, a decisão abaixo, que explicita o entendimento do Superior Tribunal de Justiça no que se refere à denúncia espontânea referente a débitos incluídos ou não em declarações de confissão de dívida:

PROCESSUAL CIVIL. RECURSO ESPECIAL REPRESENTATIVO DE CONTROVÉRSIA. ARTIGO 543-C, DO CPC. TRIBUTÁRIO. IRPJ E CSLL. TRIBUTOS SUJEITOS A LANÇAMENTO POR HOMOLOGAÇÃO. DECLARAÇÃO PARCIAL DE DÉBITO TRIBUTÁRIO ACOMPANHADO DO PAGAMENTO INTEGRAL. POSTERIOR RETIFICAÇÃO DA DIFERENÇA A MAIOR COM A RESPECTIVA QUITAÇÃO. DENÚNCIA ESPONTÂNEA. EXCLUSÃO DA MULTA MORATÓRIA. CABIMENTO.

1. A denúncia espontânea resta configurada na hipótese em que o contribuinte, após efetuar a declaração parcial do débito

---

ministro José Delgado. Primeira Turma. Julgamento em 23 de fevereiro de 1999. *DJ*, 26 abr. 1999.
[191] BRASIL. Superior Tribunal de Justiça. Primeira Seção. REsp nº 378.795/GO. Relator: ministro Franciulli Neto. Julgamento em 27 de outubro de 2004. *DJ*, 21 mar. 2005.

tributário (sujeito a lançamento por homologação) acompanhado do respectivo pagamento integral, retifica-a (antes de qualquer procedimento da Administração Tributária), noticiando a existência de diferença a maior, cuja quitação se dá concomitantemente.

2. Deveras, a denúncia espontânea não resta caracterizada, com a consequente exclusão da multa moratória, nos casos de tributos sujeitos a lançamento por homologação declarada pelo contribuinte e recolhidos fora do prazo de vencimento, à vista ou parceladamente, ainda que anteriormente a qualquer procedimento do Fisco (Súmula 360/STJ) (Precedentes da Primeira Seção submetidos ao rito do artigo 543-C, do CPC: REsp 886.462/RS, Rel. Ministro Teori Albino Zavascki, julgado em 22.10.2008, DJe 28.10.2008; e REsp 962.379/RS, Rel. Ministro Teori Albino Zavascki, julgado em 22.10.2008, DJe 28.10.2008).

3. É que "a declaração do contribuinte elide a necessidade da constituição formal do crédito, podendo este ser imediatamente inscrito em dívida ativa, tornando-se exigível, independentemente de qualquer procedimento administrativo ou de notificação ao contribuinte" (REsp 850.423/SP, Rel. Ministro Castro Meira, Primeira Seção, julgado em 28.11.2007, DJ 07.02.2008).

4. Destarte, quando o contribuinte procede à retificação do valor declarado a menor (integralmente recolhido), elide a necessidade de o Fisco constituir o crédito tributário atinente à parte não declarada (e quitada à época da retificação), razão pela qual aplicável o benefício previsto no artigo 138, do CTN.

5. *In casu*, consoante consta da decisão que admitiu o recurso especial na origem (fls. 127/138):

"No caso dos autos, a impetrante em 1996 apurou diferenças de recolhimento do Imposto de Renda de Pessoa Jurídica e Contribuição Social sobre o Lucro, ano-base 1995, e prontamente recolheu esse montante devido, sendo que agora, pretende ver reconhecida a denúncia espontânea em razão do recolhimento do tributo em atraso, antes da ocorrência de qualquer procedimento fiscalizatório.

Assim, não houve a declaração prévia e pagamento em atraso, mas uma verdadeira confissão de dívida e pagamento integral, de forma que resta configurada a denúncia espontânea, nos termos do disposto no artigo 138, do Código Tributário Nacional".

6. Consequentemente, merece reforma o acórdão regional, tendo em vista a configuração da denúncia espontânea na hipótese *sub examine*.

7. Outrossim, forçoso consignar que a sanção premial contida no instituto da denúncia espontânea exclui as penalidades pecuniárias, ou seja, as multas de caráter eminentemente punitivo, nas quais se incluem as multas moratórias, decorrentes da impontualidade do contribuinte.

8. Recurso especial provido. Acórdão submetido ao regime do artigo 543-C, do CPC, e da Resolução STJ 08/2008.[192]

Questões de automonitoramento

1) Após ler o capítulo, você é capaz de resumir os casos geradores do capítulo 7, identificando as partes envolvidas, os problemas atinentes e as soluções cabíveis?
2) Defina o responsável pela obrigação tributária e seu substituto legal.
3) Diferencie substituição tributária de transferência tributária.
4) Quais as hipóteses de substituição tributária? E as de transferência?

---

[192] BRASIL. Superior Tribunal de Justiça. Primeira Seção. REsp nº 1.149.022/SP. Relator: ministro Luiz Fux. Julgamento em 9 de junho de 2010. *DJe*, 24 jun. 2010.

5) É possível a responsabilização de terceiro por débitos fiscais? Em quais hipóteses?

6) Pense e descreva, mentalmente, alternativas para solução dos casos geradores do capítulo 7.

6

Lançamento

Roteiro de estudo

Crédito tributário

A Constituição Federal de 1988 (CRFB/1988), em seu art. 146, III, "b", estabelece que o conceito de crédito tributário deve ser delineado por meio de lei complementar. O Código Tributário Nacional (CTN), recepcionado pela ordem constitucional atual como lei complementar (art. 34, § 5º, do Ato das Disposições Constitucionais Transitórias), trata do referido conceito, a partir de seu Título III (art. 139 e seguintes). Como será visto a seguir, o conceito de crédito tributário – vital para o estudo do direito tributário – recebeu especial atenção da doutrina brasileira, sendo objeto de análise de vários renomados doutrinadores pátrios.

Conceito de crédito tributário: a diferença entre crédito tributário e obrigação tributária

O art. 139 do CTN dispõe que o "crédito tributário decorre da obrigação principal e tem a mesma natureza desta".

Da leitura do mencionado dispositivo, percebe-se, inicialmente, que "crédito tributário" e "obrigação tributária" não são a mesma coisa, assim como "crédito tributário" e "tributo" também são expressões distintas.

O conceito de crédito tributário se afasta do conceito de tributo, expressamente previsto no art. 3º do CTN, na medida em que o crédito tributário, ao contrário do tributo, também alcança, além do próprio tributo, as penalidades pecuniárias, que, como se sabe, não se enquadram no referido conceito legal de tributo.

Por outro lado, de acordo com a doutrina, o crédito tributário é uma consequência da obrigação tributária, ou seja, "significa o direito que tem uma pessoa de exigir de outra o cumprimento da obrigação".[193]

No entendimento de Sacha Calmon Navarro Coêlho, o crédito tributário é o objeto da obrigação tributária:

> Como o CTN, no art. 3º, proclama que o tributo é uma compulsória prestação de coisa certa (dinheiro) em favor do Estado, em virtude de lei (*ex lege*), somos obrigados a concluir que se trata de prestação em moeda (dívida de dinheiro) ou em valor que nela, moeda, se possa exprimir (selo, estampilha, dívida em UFIR, BTN). Obviamente pode o credor, no caso o Estado, se quiser e autorizado pela lei, aceitar em dação em pagamento um bem qualquer que não dinheiro. Incidem em erronia os que enxergam na cláusula valor que nela se possa exprimir uma licença para pagar tributos com vacas, coelhos ou hortaliças. É que se pode pagar com selos ou estampilhas. A obrigação tributária é de dar coisa certa. O sujeito ativo é o Estado ou

---

[193] VICENTE, Petrúcio Malafaia. Crédito tributário. In: GOMES, Marcus Lívio; ANTONELLI, Leonardo Pietro (Coord.). *Curso de direito tributário brasileiro*. 3. ed. São Paulo: Quartier Latin, 2010. v. 1. p. 379.

preposto seu. O sujeito passivo é o pagante designado por lei: o contribuinte, o substituto do contribuinte, o responsável pela dívida do contribuinte.

Reza o CTN que o crédito tributário decorre da obrigação principal e tem a mesma natureza desta. O crédito tributário faz parte da obrigação. Seria estúrdia obrigação sem sujeito passivo ou sem sujeito ativo, ou sem objeto, pois a relação jurídica pede a todos, obviamente.

As obrigações são, por natureza, transitórias. Existem tão somente para viabilizar os intercâmbios de conteúdo econômico entre as pessoas. Assim sendo, não faria sentido algum a existência de um *vinculum juris* atando os polos ativo e passivo da obrigação sem a existência de um objeto, que, no caso da obrigação tributária, é uma prestação pecuniária, um dar dinheiro ao Estado. *A esse dinheiro o CTN denomina crédito tributário*.[194]

A obrigação tributária, por sua vez, é a relação jurídica, decorrente de lei, que vincula o sujeito passivo à realização de determinada prestação, qual seja, o pagamento do crédito tributário (objeto).

Tal relação nasce a partir da ocorrência, no mundo físico, do fato gerador (ou, de acordo com Geraldo Ataliba, "fato imponível"), que é a concretização da hipótese previamente prevista na norma jurídica tributária ("hipótese de incidência").

A fenomenologia da obrigação tributária foi objeto de estudo aprofundado do referido doutrinador brasileiro, constituindo um verdadeiro marco sobre a interpretação da legislação tributária nesse particular:

> Fato imponível é o fato concreto, localizado no tempo e no espaço, acontecido efetivamente no universo fenomênico, que

---

[194] COÊLHO, Sacha Calmon Navarro. *Curso de direito tributário brasileiro*. Rio de Janeiro: Forense, 2006. p. 749, grifo no original.

– por corresponder rigorosamente à descrição prévia, hipoteticamente formulada pela h.i. [hipótese de incidência] legal, dá nascimento à obrigação tributária.

Cada fato imponível determina o nascimento de uma obrigação tributária.
A lei (h.i.) descreve hipoteticamente certos fatos, estabelecendo a consistência de sua materialidade. Ocorridos concretamente estes fatos *hic et nunc*, com a consistência prevista na lei e revestindo a forma prefigurada idealmente na imagem legislativa abstrata, reconhece-se que desses fatos nascem obrigações tributárias concretas. A esses fatos, a cada qual, designamos "fato imponível" (ou fato tributário).

No momento em que, segundo o critério legal (aspecto temporal da h.i.), se consuma um fato imponível, nesse momento nasce uma obrigação tributária, que terá feição e características que a h.i. ditar.

O fato imponível é, pois, um fato jurígeno (fato juridicamente relevante) a que a lei atribui a consequência de determinar o surgimento da obrigação tributária concreta. Em termos kelsenianos: é um suposto que a lei imputa a consequência de causar o nascimento do vínculo obrigacional tributário.

Para que um fato (estado de fato, situação) seja reputado fato imponível, deve corresponder integralmente às características previstas abstrata e hipoteticamente na lei (h.i.).

Diz-se que o fato, assim, se subsume à imagem abstrata da lei. Por isso, se houver subsunção do fato à h.i., ele será fato imponível. Se não houver subsunção, estar-se-á diante de fato irrelevante para o direito tributário.[195]

Assim, a legislação tributária prescreve tipos (hipóteses de incidência), ou seja, definições legais e prévias de fatos do plano

---

[195] ATALIBA, Geraldo. *Hipótese de incidência tributária.* 6. ed. São Paulo: Malheiros, 2003. p. 68, grifos nossos.

da realidade que, quando ocorridos, fazem nascer a obrigação tributária, com a incidência da norma legal sobre a hipótese de incidência efetivamente concretizada (ou seja, fato concreto, fato imponível, fato gerador), com a posterior irradiação dos efeitos jurídicos descritos por aquela norma.

Entretanto, para parte da doutrina brasileira, a ocorrência do fato gerador e o subsequente nascimento da obrigação tributária não são suficientes para que o Estado alcance seu objetivo com a instituição de tributos, que é o recolhimento de dinheiro a seus cofres. Nesse sentido, vale conferir as palavras de Hugo de Brito Machado:[196]

> *Em face da obrigação tributária o Estado ainda não pode exigir o pagamento do tributo. Também em face das chamadas obrigações acessórias não pode o Estado exigir o comportamento a que está obrigado o particular.* Pode, isto sim, tanto diante de uma obrigação tributária principal como diante de uma obrigação acessória descumprida, que por isto fez nascer uma obrigação principal (CTN, art. 113, § 3º), fazer um lançamento para constituir um crédito a seu favor. Só então poderá exigir o objeto da prestação obrigacional, isto é, o pagamento.
>
> O crédito tributário, portanto, é o vínculo jurídico, de natureza obrigacional, por força do qual o Estado (sujeito ativo) pode exigir do particular, o contribuinte ou responsável (sujeito passivo), o pagamento do tributo ou da penalidade pecuniária (objeto da relação obrigacional).

Por outro lado, Ricardo Lobo Torres[197] entende que não há, verdadeiramente, diferença entre obrigação tributária e crédito tributário. Para o autor,

---

[196] MACHADO, Hugo de Brito. *Curso de direito tributário*. 30. ed. rev., atual. e ampl. São Paulo: Malheiros, 2009. p. 171-172, grifo nosso.
[197] TORRES, Ricardo Lobo, apud VICENTE, Petrúcio Malafaia. "Crédito tributário", 2010, op. cit., p. 384-385, grifos nossos.

a rigor, inexiste diferença entre crédito e obrigação tributária. Da obrigação tributária exsurgem um direito subjetivo de crédito para o sujeito ativo e uma dívida para o sujeito passivo. O próprio art. 139 do CTN diz que "o crédito tributário decorre da obrigação principal e tem a mesma natureza desta". Se a obrigação tributária tem conteúdo patrimonial não pode se distinguir do crédito tributário.

A distinção que por vezes faz o CTN deve ser entendida no sentido didático. Embora o crédito se constitua juntamente com a obrigação pela ocorrência do fato gerador, recebe ele graus diversos de transparência e concretude na medida em que seja objeto de lançamento, de decisão administrativa definitiva ou de inscrição nos livros da dívida ativa. *O crédito tributário passa por diferentes momentos de eficácia: crédito simplesmente constituído (pela ocorrência do fato gerador) torna-se crédito exigível (pelo lançamento notificado ou pela decisão administrativa definitiva) e finalmente crédito exequível (pela inscrição nos livros da dívida ativa), dotado de liquidez e certeza.*

De acordo com Misabel Abreu Machado Derzi,[198] o conceito de obrigação tributária adotado pelo CTN é restrito, significando o "dever jurídico que nasce da realização do pressuposto legal". Nesse contexto, lembra que tal dever não corresponde a um direito subjetivo do fisco, ou seja, a obrigação tributária não teria caráter sinalagmático. Assim, o direito subjetivo surgiria com o crédito, constituído por meio do lançamento.

O CTN, em seu art. 140, dispõe que "as circunstâncias que modificam o crédito tributário, sua extensão ou seus efeitos, ou as garantias ou os privilégios a ele atribuídos, ou que

---

[198] DERZI, Misabel Abreu Machado. Notas de atualização ao art. 139. In: BALEEIRO, Aliomar. *Direito tributário brasileiro*. 11. ed. atual. Misabel Abreu Machado Derzi. Rio de Janeiro: Forense, 2003a. p. 772.

excluem sua exigibilidade não afetam a obrigação tributária que lhe deu origem".

Nesse diapasão, pode-se afirmar que há verdadeira relação de autonomia entre a obrigação tributária principal e o crédito tributário que dela decorre, no sentido de que, ainda que o crédito tenha sido defeituosamente constituído (por meio de um lançamento nulo, por exemplo), a obrigação tributária persistirá.

O contrário também é possível: pode haver crédito tributário sem obrigação subjacente, o qual, obviamente, será considerado inválido:

> O crédito tributário como realidade formal pode ser afetado sem que o seja a sua substância. Assim, se na constituição do crédito tributário, vale dizer, se no procedimento administrativo de lançamento, não foi assegurada oportunidade de defesa ao sujeito passivo, o lançamento é nulo, é de nenhuma validade. Pode ocorrer, então, o anulamento do crédito tributário. Não obstante, a obrigação tributária respectiva não foi afetada. Tanto que poderá ser feito um novo lançamento e assim constituído validamente o crédito tributário respectivo.
>
> *Pode também ocorrer que um lançamento tributário seja feito sem que tenha ocorrido o fato gerador do tributo. Neste caso não existe obrigação tributária, mas o crédito tributário, como realidade simplesmente formal, existe. Obviamente não tem validade, no caso, o procedimento de lançamento, porque, como norma concreta, individual, está em desacordo com a norma legal, abstrata, que define a hipótese de incidência tributária. E por isto o crédito tributário também não é válido, embora exista.*[199]

---

[199] MACHADO, Hugo de Brito. *Curso de direito tributário*, 2009, op. cit., p. 172, grifo nosso.

Por fim, o CTN estabelece, no art. 141, que o crédito tributário constituído apenas será modificado, extinto, terá sua exigibilidade suspensa ou excluída nos casos nela previstos, não podendo ser dispensada sua cobrança e respectivas garantias, sob pena de responsabilidade funcional.

O referido dispositivo pode ser lido como um reflexo do art. 3º – o qual delimita o conceito de tributo – no que se refere ao crédito tributário. Vale lembrar que o próprio CTN dispõe que tributo, entre outros qualificativos, é "prestação pecuniária [...] instituída em lei e cobrada mediante atividade administrativa *plenamente vinculada*" (grifo nosso).

Assim, somente nos casos previstos em lei, o crédito tributário poderá ser extinto, modificado ou ter alterada alguma circunstância que impeça ou dificulte sua cobrança, já que, como se sabe, o ato administrativo de lançamento é plenamente vinculado.

De acordo com José dos Santos Carvalho Filho, atividades administrativas vinculadas são aquelas cuja execução fica inteiramente definida na lei:

> Dispõe esta [a lei] sobre todos os elementos do ato a ser praticado pelo agente. A este não é concedida qualquer liberdade quanto à atividade a ser desempenhada e, por isso, deve submeter-se por inteiro ao mandamento legal.
>
> O desempenho de tal tipo de atividade é feito através da prática de atos vinculados, diversamente do que sucede no poder discricionário, permissivo da prática de atos discricionários. O que se distingue é a liberdade de ação. *Ao praticar atos vinculados, o agente limita-se a reproduzir os elementos da lei que os compõem, sem qualquer avaliação sobre a conveniência e oportunidade da conduta.* O mesmo já não ocorre quando pratica atos discricionários, como visto anteriormente.[200]

---

[200] CARVALHO FILHO, José dos Santos. *Manual de direito administrativo.* 22. ed. Rio de Janeiro: Lumen Juris, 2009. p. 48, grifo nosso.

Dessa forma, tem-se que a razão de tal norma é impedir a ocorrência de abusos de poder ou privilégios administrativos odiosos. A administração tributária deverá ser neutra no que disser respeito ao exercício de sua atividade de lançamento. Como bem conclui Aliomar Baleeiro,[201] "a competência do agente público, no art. 141, é vinculada. Deverá exigir nem mais, nem menos do que está na lei. Nem depois, se a lei manda exigir antes".

Lançamento: aspectos gerais

Como visto, a obrigação tributária nasce com a ocorrência, no mundo dos fatos, do fato imponível (fato gerador). Entretanto, nas já citadas palavras de Torres, o crédito surgido no momento do nascimento da obrigação tributária ainda não tem concretude o suficiente para ser adimplido.

Embora a incidência das normas jurídicas seja automática e infalível, conforme leciona Alfredo Augusto Becker,[202] é necessário um ato de reconhecimento dos efeitos causados por aquela incidência. Em suas palavras:

> A fim de se constatar a efetiva realização da hipótese de incidência é imprescindível a investigação e análise (quantitativa e qualitativa) dos fatos que aconteceram. Uma vez constatada a realização da hipótese de incidência, conclui-se que ocorreu a incidência infalível (automática) da regra jurídica no instante lógico posterior ao acontecimento do último fato que, ao acontecer, completou a integralização da hipótese de incidência.

---

[201] BALEEIRO, Aliomar. *Direito tributário brasileiro*. 11. ed. atual. Misabel Abreu Machado Derzi. Rio de Janeiro: Forense, 2003. p. 778.
[202] BECKER, Alfredo Augusto. *Teoria geral do direito tributário*. 4. ed. São Paulo: Noeses, 2007. p. 372.

Por sua vez, havendo ocorrido a incidência de regra jurídica tributária, é ainda necessário proceder à transfiguração da base de cálculo (núcleo da hipótese de incidência) em uma cifra aritmética e sobre esta calcular a alíquota do tributo. As suprarreferidas investigações, análises, conversão em cifra aritmética e aplicação de alíquota, consistem em operações que podem ser simples ou complexas e cuja natureza pode ser psicológica-material ou jurídica. O conjunto destas operações (investigação e análise dos fatos que realizaram a hipótese de incidência; conversão da base de cálculo em cifra aritmética; cálculo da alíquota do tributo) forma o lançamento ("accertamento") tributário.

Ou seja, por meio de tal ato, a norma tributária geral e abstrata que incidiu sobre determinado caso concreto (fato imponível, fato gerador) torna-se individualizada e pessoal, por meio do lançamento, que é atividade realizada pelo Poder Executivo, tal como ocorre com a sentença judicial, no caso do Poder Judiciário.[203]

Conceito de lançamento

O CTN, em seu art. 142, definiu o instituto do lançamento tributário:

---

[203] "Hans Kelsen já registrara, em seu clássico *Teoria geral do direito e do Estado*, que os poderes do Estado são, a rigor, de dupla natureza. O primeiro, Legislativo, cria normas abstratas e genéricas de conduta a serem observadas pelos membros daquela ordem jurídica. Os demais, Executivo e Judiciário, são poderes executivos, que basicamente se limitam a aplicar e adequar tais normas de conduta aos milhares de casos individuais, concretamente ocorridos. Assim, explica que, na sua essência, a função do Poder Executivo – especialmente em um Estado de Direito – é similar à função do Poder Judiciário, sendo ambos os poderes que exercem funções executivas, de realização do Direito (v. op. cit)" (DERZI, Misabel Abreu Machado. Notas de atualização ao art. 142. In: BALEEIRO, Aliomar. *Direito tributário brasileiro*. 11. ed. atual. Misabel Abreu Machado Derzi. Rio de Janeiro: Forense, 2003b. p. 786).

Art. 142. Compete privativamente à autoridade administrativa constituir o crédito tributário pelo lançamento, assim entendido o procedimento administrativo tendente a verificar a ocorrência do fato gerador da obrigação correspondente, determinar a matéria tributável, calcular o montante do tributo devido, identificar o sujeito passivo e, sendo caso, propor a aplicação da penalidade cabível.

Nesse contexto, não obstante a crítica[204] realizada pela doutrina brasileira ao mencionado artigo, uma vez que contém verdadeira definição legal, é válido realizar seu estudo da mesma forma como costuma ser feita a análise do conceito de tributo, qual seja, de maneira segmentada.

Competência para realizar o lançamento

Em primeiro lugar, a definição legal de lançamento contém a observação de que sua realização "compete privativamente à autoridade administrativa" (CTN, art. 142, *caput*). Aqui, mais uma vez, o CTN assevera que a atividade de administração e

---

[204] "*Poderia pensar-se que, existindo definição legal expressa, estaria desde logo resolvida a questão preliminar da fixação do conceito do instituto que nos ocupa. Não é, porém, assim.* Propomo-nos demonstrar que o artigo 142 do Código Tributário Nacional enferma de graves imprecisões e equívocos, podendo mesmo dizer-se que a este dispositivo – de mãos dadas com os que regem a matéria da decadência e prescrição – se devem as principais responsabilidades nas imprecisões e obscuridades da doutrina neste capítulo. Nesta nossa crítica partimos do princípio de que as simples definições legislativas não são, por si sós, vinculantes para o intérprete, dando apoio a José Souto Maior Borges quando afirma que 'a definição de lançamento estabelecida no artigo 142 *caput* do Código Tributário Nacional *não tem outro significado senão o de construção teórica do legislador que, sub-rogando-se autoritariamente no exercício de uma função doutrinária, pretende superar eventuais divergências teóricas sobre o conceito de lançamento com uma tomada de posição em termos de direito positivo*. Ao invés de editar comando, avoca a definição de fenômeno regulado, uma forma atípica de exercício da função legislativa'" (XAVIER, Alberto. *Do lançamento*: teoria geral do ato, do procedimento e do processo tributário. 2. ed. reform. e atual. Rio de Janeiro: Forense, 1998. p. 23-24, grifos nossos).

cobrança de tributos compete ao Poder Executivo, em todas as esferas de governo.

Assim, enquanto ato administrativo, o lançamento tributário está sujeito aos mesmos limites e requisitos dos demais atos realizados pela administração pública, como aqueles que podem ser extraídos da interpretação inversa da Lei nº 4.717/1965. Nesse sentido, cabe mencionar a lição de Derzi[205] sobre os elementos a serem considerados no ato administrativo de lançamento:

- ❏ a manifestação de vontade que é o impulso gerador do ato, devendo emanar de agente competente, ou seja, pessoa que tem atribuição legal para o exercício da função, no caso, a de lançar tributo;
- ❏ o motivo, que compreende os fundamentos que dão ensejo à prática do ato. Tratando-se de ato vinculado, os motivos são legais, devem figurar expressamente pela menção à lei em que se baseia;
- ❏ o objeto do ato é o seu conteúdo, o próprio objeto de manifestação da vontade, a sua essência. Será a declaração da ocorrência do fato jurídico tributário, a identificação do sujeito passivo da obrigação, a determinação da base de cálculo e a alíquota aplicável, com apuração do montante a pagar, conferindo exigibilidade ao crédito assim formalizado;
- ❏ a finalidade é o resultado prático que o ato procura alcançar (cobrança e arrecadação de tributo);
- ❏ a forma, que é o meio "pelo qual se exterioriza a manifestação da vontade. Por ela se corporifica o ato". A forma do lançamento, como regra geral, é escrita. Não será verbal, como acontece com frequência na atividade policial de emergência.

---

[205] DERZI, Misabel Abreu Machado. "Notas de atualização ao art. 142", 2003b, op. cit., p. 784-785.

Com efeito, se o lançamento for realizado por agente não competente para tanto, será, indubitavelmente, nulo. Esta, inclusive, é a dicção do Decreto-Lei nº 70.235/1972,[206] que regula o processo administrativo tributário em âmbito federal.

Natureza jurídica do lançamento: eficácia declaratória × eficácia constitutiva – ato ou procedimento?

Nos dizeres do CTN, o lançamento é um ato por meio do qual o crédito tributário é constituído, ou seja, apenas por meio de tal ato é que o crédito tributário surge no mundo jurídico. Importa ressaltar que tal ponto da definição de lançamento é altamente controvertido na doutrina.

Já para Ricardo Lobo Torres o lançamento teria eficácia meramente declaratória, posicionamento que teria sido albergado pelo próprio CTN. A explicação para o verbo "constituir" na definição de lançamento seria justamente porque houve a opção do CTN em fazer a distinção entre obrigação e crédito:

> Parece-nos que o lançamento tem eficácia meramente declaratória, pois que lhe compete declarar a obrigação tributária constituída com a ocorrência do fato gerador. Já vimos que a obrigação tributária – e, conseguintemente, o crédito tributário – nasce com a ocorrência no mundo real do fato hipoteticamente previsto na norma. Mas esse fato é invisível. Necessita, para produzir efeitos no universo do direito, de sua explicitação em um título. O lançamento, pois, é o ato administrativo que cria esse título necessário à visibilidade e à transparência da obrigação (e do crédito). [...]

---

[206] Decreto-Lei nº 70.235/1972: "Art. 59. São nulos: I - os atos e termos lavrados por pessoa incompetente; II - os despachos e decisões proferidos por autoridade incompetente ou com preterição do direito de defesa".

> *O CTN aderiu, inequivocamente, à teoria declaratória, apesar de, no art. 142, dizer que compete à autoridade administrativa "constituir" o crédito tributário pelo lançamento, acrescentando, no art. 173, que o direito de a Fazenda Pública "constituir" o crédito se extingue em 5 anos. A explicação consiste, como já vimos, em que o Código reserva o termo "crédito" para o aspecto objetivo da obrigação em seus sucessivos graus de eficácia. De modo que a doutrina brasileira procura conciliar a aparente contradição do CTN com afirmar que o lançamento é declaratório da obrigação e constitutivo do crédito tributário.*[207]

Uma terceira corrente da doutrina pátria entende que o lançamento tem dupla natureza (teoria mista): declaratória da obrigação e constitutiva do crédito, uma vez que o fato gerador faz nascer a obrigação tributária e o lançamento faz surgir o crédito tributário. Ou seja, apesar de reportar-se ao fato gerador, modifica a relação jurídico-tributária existente. A teoria mista, dessa forma, separa obrigação e crédito, porque eles nascem em momentos distintos.

Nesse sentido, as lições de Hugo de Brito Machado:

> A natureza jurídica do lançamento tributário já foi objeto de grandes divergências doutrinárias. Hoje, porém, é praticamente pacífico o entendimento segundo o qual o lançamento não cria direito. Seu efeito é simplesmente declaratório. Entretanto, no Código Tributário Nacional o crédito tributário é algo diverso da obrigação tributária. Ainda que, em essência, crédito e obrigação sejam a mesma relação jurídica, o crédito é um momento distinto. E o lançamento é precisamente o procedimento administrativo de determinação do crédito tributário.

---

[207] TORRES, Ricardo Lobo. *Curso de direito financeiro e tributário*. 15. ed. Rio de Janeiro: Renovar, 2008. p. 276-277, grifo nosso.

> Antes do lançamento existe a obrigação. A partir do lançamento surge o crédito.
>
> O lançamento, portanto, é constitutivo do crédito tributário, e apenas declaratório da obrigação correspondente.[208]

Cite-se, também, a posição de Mary Elbe Gomes Queiroz Maia, que, filiando-se aos posicionamentos de José Souto Maior Borges,[209] entende que a teoria mista seria a única que harmonizaria o caráter declaratório do lançamento com a sua definição legal erigida no CTN:

> Entretanto, para que seja assumida uma posição definitiva acerca da hipótese de ser o lançamento declaratório ou constitutivo do crédito tributário, deve-se considerar que o lançamento tributário, antes de se configurar como um conceito lógico-jurídico universal aplicável a *priori*, reveste-se, muito mais, do caráter de um conceito jurídico-positivo de construção obtida a *posteriori*, vinculado a uma determinada estrutura de direito positivo, e por isso mesmo resultado da construção teórica do próprio legislador, aplicável a um âmbito de validade determinado, no espaço e no tempo, pelo ordenamento jurídico e de acordo com o posicionamento adotado.
>
> Neste trabalho, sem maiores aprofundamentos das discussões, haja vista que este não é o seu objetivo, e tendo em conta que não se pode examinar a matéria sob uma rígida dicotomia, uma vez que as posições doutrinárias que assumem ora uma ou outra tese não conseguem fixar o lançamento como de caráter exclusivamente declaratório ou constitutivo, existindo

---

[208] MACHADO, Hugo de Brito. *Curso de direito tributário*, 2009, op. cit., p. 174, grifo nosso.
[209] BORGES, José Souto Maior. *Tratado de direito tributário brasileiro*. Rio de Janeiro: Forense, 1981. v. IV: Lançamento tributário, p. 71-72.

momentos em que se pode[m] antever efeitos e aspectos semelhantes de um no outro, *será aqui adotada a tese abraçada por José Souto Maior de que efetivamente o lançamento tributário se enquadra como um ato administrativo declaratório da obrigação e constitutivo do crédito tributário, por ser esta a que melhor tenta explicar o fenômeno e em face do reconhecimento deste caráter pelo legislador, no próprio Código Tributário Nacional, consoante o que dispõem os artigos*:

a) Artigo 113, § 1º: "A obrigação principal surge com a ocorrência do fato gerador [...] e extingue-se juntamente com o crédito dela decorrente";

b) Artigo 139: "O crédito tributário decorre da obrigação principal e tem a mesma natureza desta";

c) Artigo 140: "As circunstâncias que modificam o crédito, sua extensão ou seus efeitos [...] não afetam a obrigação que lhe deu origem";

d) Artigo 142: "Compete privativamente à autoridade administrativa constituir o crédito tributário pelo lançamento [...]";

e) Artigo 143: "Salvo disposição em contrário, quando o valor tributário esteja expresso em moeda estrangeira, no lançamento far-se-á sua conversão em moeda nacional ao câmbio do dia da ocorrência do fato gerador da obrigação";

f) Artigo 144: "O lançamento reportar-se-á à data de ocorrência do fato gerador e rege-se pela lei então vigente, ainda que posteriormente modificada ou revogada";

g) Artigo 173: "O direito da Fazenda Pública constituir o crédito tributário [....]"

h) Artigo 183, parágrafo único: "A natureza das garantias atribuídas ao crédito não altera a natureza deste nem a da obrigação tributária a que esta corresponda".[210]

---

[210] MAIA, Mary Elbe Gomes Queiroz. *Do lançamento tributário*: execução e controle. São Paulo: Dialética, 1999. p. 24-25, grifo nosso.

Em contrapartida, criticando essa segregação em planos distintos da obrigação tributária e do crédito tributário, Paulo de Barros Carvalho assinala com propriedade:

> Retornemos à mensagem do art. 142 do Código Tributário Nacional, para lembrar que esse Estatuto faz uma distinção, no meu entender improcedente, entre crédito e obrigação, como se fora possível, à luz da Teoria Geral do Direito, separar essas duas entidades. A obrigação nasceria com o acontecimento do "fato gerador", mas surgiria sem crédito, que somente com o "procedimento de lançamento" viria a ser "constituído". Que obrigação seria essa, em que o sujeito ativo nada tem por exigir (crédito) e o sujeito passivo não está compelido a qualquer conduta? O isolamento do crédito em face da obrigação é algo que atenta à integridade lógica da relação, condição mesma de sua existência.[211]

Compartilhando desse entendimento, Sacha Calmon Navarro Coêlho conclui com precisão:

> [...] é um erro rotundo dizer que o lançamento *institui* o crédito. O erro continua redondo para aqueles que querem conciliar correntes inconciliáveis e proclamam que o lançamento *declara* a obrigação e *constitui* o crédito. A obrigação nem sempre necessita ser declarada, e o crédito nasce sempre com ela. Portanto, o lançamento apenas confere *exigibilidade ao crédito* – quando isso for necessário – ao *individualizar* o comando impessoal da norma (como é da sua natureza de ato tipicamente administrativo). O lançamento prepara o título executivo da Fazenda Pública, infundindo-lhe *liquidez, certeza e exigibilidade*;

---

[211] CARVALHO, Paulo de Barros. *Curso de direito tributário*. 15. ed. São Paulo: Saraiva, 2003. p. 216.

[...] na definição de lançamento, o verbo *constituir* não é empregado com o sentido de criar, nem se reporta ao significado de *ato jurídico constitutivo* (criador, transformador, transferidor ou extintor de direitos materiais, substantivos).[212]

Como se observa, a questão é controvertida, e mesmo na jurisprudência há julgados em ambos os sentidos, como pode ser observado nos acórdãos do STJ que se seguem.

DIREITO TRIBUTÁRIO. IRREGULARIDADE DE NOTIFICAÇÃO DE LANÇAMENTO REFERENTE À TCFA DIANTE DA AUSÊNCIA DE PRAZO PARA A PRESENTAÇÃO DE DEFESA ADMINISTRATIVA.

É irregular a notificação de lançamento que vise constituir crédito tributário referente à taxa de controle e fiscalização ambiental – TCFA na hipótese em que não *conste, na notificação, prazo para a apresentação de defesa administrativa*. A cobrança de TCFA submete-se ao procedimento administrativo fiscal, que contempla exigências prévias para a constituição do crédito tributário mediante lançamento. Entre essas exigências, encontra-se, em consideração ao art. 11, II, do Dec. n. 70.235/1972, a obrigatoriedade de constância, na notificação de lançamento, de prazo para a sua impugnação.[213]

DIREITO TRIBUTÁRIO. IMPOSSIBILIDADE DE CONSTITUIÇÃO DE CRÉDITO TRIBUTÁRIO COM BASE EM CONFISSÃO DE DÍVIDA REALIZADA APÓS A EXTINÇÃO DO CRÉDITO PELA DECADÊNCIA. RECURSO REPETITIVO (ART. 543-C DO CPC E RES. 8/2008-STJ).

---

[212] COÊLHO, Sacha Calmon Navarro. *Curso de direito tributário brasileiro*, 2006, op. cit., p. 662-663, grifos no original.
[213] BRASIL. Superior Tribunal de Justiça. AgRg no REsp nº 1.352.234/PR. Relator: ministro Humberto Martins. Julgamento em 21 de fevereiro de 2013. Informativo nº 516, grifos nossos.

Não é possível a constituição de crédito tributário com base em documento de confissão de dívida tributária apresentado, para fins de parcelamento, após o prazo decadencial previsto no art. 173, I, do CTN. A decadência, consoante disposto no art. 156, V, do referido diploma legal, é forma de extinção do crédito tributário.

Sendo assim, uma vez extinto o direito, não pode ser reavivado por qualquer sistemática de lançamento ou autolançamento, seja ela via documento de confissão de dívida, declaração de débitos, parcelamento seja de outra espécie qualquer (DCTF, GIA, DCOMP, GFIP etc.). Isso porque, além de não haver mais o que ser confessado sob o ponto de vista jurídico (os fatos podem ser sempre confessados), não se pode dar à confissão de débitos eficácia superior àquela própria do lançamento de ofício (arts. 145 e 149), forma clássica de constituição do crédito tributário da qual evoluíram todas as outras formas – lançamento por declaração (art. 147), lançamento por arbitramento (art. 148) e lançamento por homologação (art. 150). Se a administração tributária, de conhecimento dos mesmos fatos confessados, não pode mais lançar de ofício o tributo, por certo que este não pode ser constituído via autolançamento ou confissão de dívida existente dentro da sistemática do lançamento por homologação. Dessa forma, a confissão de dívida para fins de parcelamento não tem efeitos absolutos, não podendo reavivar crédito tributário já extinto.[214]

PROCESSUAL CIVIL E TRIBUTÁRIO. EXECUÇÃO FISCAL. ANTECIPAÇÃO DA LEGÍTIMA PREVIAMENTE À CONSTITUIÇÃO DO CRÉDITO TRIBUTÁRIO. RESPONSABILIDADE DOS SUCESSORES.
1. A antecipação da legítima está incluída no conceito de herança e, por essa razão, integra a apuração do quinhão hereditário (art.

---

[214] BRASIL. Superior Tribunal de Justiça. REsp nº 1.355.947/SP. Relator: ministro Mauro Campbell Marques. Julgamento em 12 de junho de 2013. Informativo nº 522, grifo nosso.

2.002 do Código Civil). Ainda que efetivada em momento anterior ao do nascimento da obrigação tributária (fato gerador), ou da constituição do crédito tributário (lançamento), não exclui a responsabilidade tributária do sucessor, resguardado o limite das forças da herança. Inteligência do art. 131, II, do CTN. 2. Agravo Regimental provido.[215]

TRIBUTÁRIO. EMBARGOS À EXECUÇÃO DE TRIBUTO DECLARADO E NÃO PAGO. ICMS. MAJORAÇÃO DE ALÍQUOTA. 17% PARA 18%. INTELIGÊNCIA DO ART. 166 DO CTN. EXCLUSÃO DE VERBAS INDEVIDAS. PROSSEGUIMENTO DA EXECUÇÃO. POSSIBILIDADE.
Não há empecilho ao prosseguimento da execução forçada da obrigação tributária assim reconhecida, cujo valor pode ser apurado mediante simples cálculo aritmético (v.g., entre outros: REsp 726.229/RS, 1ª T., Min. Luiz Fux, DJ de 12/03/2007 e no REsp 1.059.051/PE, 2ª T., Min. Mauro Campbell Marques, DJe de 06/10/2008). Nada impede, se for o caso, que a apuração do valor se dê por outra modalidade de liquidação prevista no CPC. É que, tendo as partes judicializado a controvérsia a respeito da obrigação fiscal, a sentença de mérito proferida nos embargos de devedor (que tem natureza de ação cognitiva), produziu juízo sobre a sua existência e o seu conteúdo, constituindo-se, por isso mesmo, em título executivo suficiente para ensejar a atividade de execução forçada (CPC, art. 475-N, I) e propiciar também, se necessário, o procedimento de liquidação, mero incidente do processo executivo (CPC, arts. 475-B a 475-H). *Nesse contexto, mostra-se providência inútil submeter o prosseguimento da atividade executiva judicial à formalidade administrativa de novo*

---

[215] BRASIL. Superior Tribunal de Justiça. AgRg no REsp nº 644.914/PR. Relator: ministro Herman Benjamin. Segunda Turma. Julgamento em 5 de fevereiro de 2009. *DJe*, 19 mar. 2009.

lançamento tributário, nos termos do art. 142 do CTN, ato com função meramente declaratória que não poderia, de modo algum, desbordar do que ficou reconhecido no âmbito jurisdicional.
4. Recurso Especial provido em parte.[216]

Por fim, é relevante mencionar a "teoria dos graus sucessivos de eficácia", desenvolvida por Alberto Xavier,[217] para quem, embora o lançamento tenha eficácia declaratória, a obrigação tributária pode ser analisada sob diversos momentos diferentes de eficácia. De acordo com sua teoria, com a ocorrência do fato gerador, surge a obrigação (momento em que há a mera *existência*).

Após, com o lançamento, individualiza-se a norma geral e abstrata consistente na hipótese de incidência tributária, formando-se um título, com o valor a ser pago. Diz-se, então, que a obrigação, nesse momento, é *atendível*.

Ato contínuo, com o vencimento do prazo para pagamento, a obrigação se torna exigível para o credor e realizável pelo devedor. Caso o devedor não realize o objeto da obrigação tributária (isto é, pagar o tributo, entregar dinheiro ao sujeito ativo), a obrigação passa a seu último estágio de eficácia: torna-se exequível.

Outro ponto altamente controvertido com relação à disciplina jurídica do lançamento é precisar se o lançamento pode ser considerado apenas um ato singular realizado pela administração pública ou um procedimento administrativo.

No entendimento de Hely Lopes Meirelles,[218] procedimento administrativo é a "sucessão ordenada de operações que propiciam a formação de um ato final objetivado pela Administração.

---

[216] BRASIL. Superior Tribunal de Justiça. REsp nº 837.912/SP. Relator: ministro Teori Albino Zavascki. Primeira Turma. Julgamento em 23 de novembro de 2010. *DJe*, 24 fev. 2011, grifo nosso.
[217] XAVIER, Alberto. *Do lançamento*, 1998, op. cit., p. 588.
[218] MEIRELLES, Hely Lopes, apud VICENTE, Petrúcio Malafaia. "Crédito tributário", 2010, op. cit., p. 388-389.

É o item legal a ser percorrido pelos agentes públicos para a obtenção dos efeitos regulares de um ato administrativo principal".

Para Petrúcio Malafaia Vicente,[219] tal sucessão consistiria na determinação da matéria tributável, com a identificação de todos os aspectos da hipótese de incidência materializada (material, subjetivo, quantitativo, espacial e temporal) e na subsequente notificação do sujeito passivo para o pagamento do decorrente crédito tributário. Assim, "o ato final objetivado pela Administração é a constituição do crédito tributário".

Entretanto, para Sacha Calmon Navarro Coêlho, a natureza jurídica do lançamento é de ato administrativo singular, já que, se existem procedimentos anteriores, estes são apenas preparatórios do ato em si, não se confundindo com aquele:

> O lançamento, para começar, não pode ser – por impossibilidade lógica – procedimento (sucessão encadeada de atos). É ato. Em segundo lugar, não existe lançamento inicial, este provisório, e lançamento final, este definitivo. O lançamento é ato singular que se faz preceder de procedimentos preparatórios e que se faz suceder de procedimentos revisionais, podendo ser declarado, ao cabo, subsistente ou insubsistente, no todo ou em parte, em decorrência do controle do ato administrativo pela própria Administração, o que não constitui nenhuma novidade, muito pelo contrário. Por lançamento definitivo se deve entender o ato de lançamento contra o qual não caiba recurso do contribuinte nem recurso *ex officio* (por faltar previsão, por ter faltado o seu exercício ou consumação dos recursos cabíveis).
>
> A natureza jurídica do lançamento, portanto, é a de *ato administrativo* de aplicação da lei aos casos concretos (processo de concreção normativa) a cargo da Administração Pública (Poder Executivo). Dentre os seus efeitos relevantes, destacam-se dois.

---

[219] VICENTE, Petrúcio Malafaia. "Crédito tributário", 2010, op. cit., p. 389.

Primus – O de traduzir a lei e especificar a existência concreta de obrigação tributária entre o sujeito ativo e o passivo, bem como o seu conteúdo, de conformidade com a legislação existente ao tempo em que ocorreu o fato jurígeno. Ato jurídico administrativo de efeitos declaratórios: o conceito calha muito bem ao lançamento fiscal.

Secundos – O de conferir exigibilidade – quando a sua prática se faz necessária – ao crédito tributário, acrescentando *densidade* ao direito subjetivo da Fazenda Pública. Sabe-se que a ação de execução (processo de execução do direito, e não de cognição), para ser aforada, requisita *direito líquido, certo e exigível*. O lançamento tem esta virtude, na medida em que certifica e torna líquido o *quantum debeatur* da obrigação tributária (certidões de dívida ativa).[220]

No mesmo sentido, aponta-se a manifestação de Mary Elbe Gomes Queiroz Maia sobre o tema: "A teoria do ato administrativo é a melhor que se presta a explicar as características do lançamento como ato jurídico praticado pela Administração Pública, onde podem ser encontrados os requisitos essenciais do gênero".[221]

De toda forma, ponto relevante é o de saber quando o lançamento poderá ser considerado definitivo: se no momento em que o sujeito passivo é *intimado* acerca do ato de determinação dos aspectos e elementos da obrigação tributária, ou quando *não couber mais recurso administrativo* contra tal ato.

Com relação a esse ponto, a doutrina brasileira também não é uníssona. Eurico Marcos Diniz de Santi[222] adota a primeira

---

[220] COÊLHO, Sacha Calmon Navarro. *Curso de direito tributário brasileiro*, 2006, op. cit., p. 755-756, grifos nossos.

[221] MAIA, Mary Elbe Gomes Queiroz. *Do lançamento tributário*, 1999, op. cit.

[222] DE SANTI, Eurico Marcos Diniz. *Lançamento tributário*. São Paulo: Max Limonad, 1996. p. 139-142.

possibilidade, uma vez que a "notificação é um dos pressupostos de validade do ato-norma administrativo de lançamento". Por outro lado, Hugo de Brito Machado[223] entende que "enquanto comporta alterações na própria esfera administrativa, o lançamento não é definitivo, não está juridicamente concluído, está em processo de elaboração". De acordo com Sacha Calmon Navarro Coêlho:

> Questão importante é saber quando o lançamento está pronto. Estará pronto desde o momento em que é praticado pelo agente administrativo competente e será eficaz uma vez comunicado ao contribuinte através de qualquer ato administrativo de intercâmbio procedimental, como v.g., *uma notificação fiscal de lançamento ou um auto de infração* (esses nomes variam, o importante é o conteúdo do lançamento). Se o contribuinte se conforma e não recorre, ou se a própria Administração não atua com regras de revisão *ex officio*, este se torna definitivo na esfera administrativa. Se houver recurso, o lançamento só se tornará definitivo quando, exauridos os procedimentos revisionais, exsurgir decisão administrativa contra a qual não haja mais nenhum recurso, dando por certo, *líquido e exigível* o crédito tributário.
>
> Falta-lhe, por outro lado, a autoexecutoriedade. O devedor, mesmo com o crédito inscrito em dívida ativa, só pode ser constrangido a pagar pela atuação do Poder Judiciário (ação de execução, conversão do depósito em renda).[224]

No mesmo sentido de diferenciar o lançamento do procedimento que o sucede ou do qual resulta, é de ver a lição de Misabel Abreu Machado Derzi:

---

[223] MACHADO, Hugo de Brito. *Curso de direito tributário*, 2009, op. cit., p. 175.
[224] COÊLHO, Sacha Calmon Navarro. *Curso de direito tributário brasileiro*, 2006, op. cit., p. 780-781.

Em suma, não se confunde o ato de lançamento com o caminho que percorreu juridicamente regulado, e, uma vez aperfeiçoado e apto a desencadear os efeitos que lhe são próprios, também não fica reduzido a posteriores formalidades por via das quais poderá ser alterado ou confirmado.

Portanto, o lançamento é ato administrativo cujo efeito jurídico é dotar o direito de crédito, que lhe preexiste, de exigibilidade, ou confirmá-lo, extinguindo-o na hipótese de homologação tácita ou expressa do pagamento.[225]

Por fim, seja como for, a notificação do sujeito passivo é indispensável ao aperfeiçoamento do ato de lançamento, sem a qual o mesmo é nulo de pleno direito. Confira-se:

> Insere-se nas garantias da ampla defesa e do contraditório a notificação do contribuinte do ato de lançamento que a ele respeita. A sua ausência implica a nulidade do lançamento e da Execução Fiscal nele fundada. 3. A notificação do lançamento do crédito tributário constitui condição de eficácia do ato administrativo tributário, mercê de figurar como pressuposto de procedibilidade de sua exigibilidade.[226]

Lançamento e valor tributável em moeda estrangeira

O art. 143 do CTN dispõe que, como regra geral, "quando o valor tributável esteja expresso em moeda estrangeira, no lançamento far-se-á a sua conversão em moeda nacional ao câmbio do dia de ocorrência do fato gerador".

---
[225] DERZI, Misabel Abreu Machado. "Notas de atualização ao art. 142", 2003b, op. cit., p. 784.
[226] BRASIL. Superior Tribunal de Justiça. REsp nº 1.073.494/RJ. Relator: ministro Luiz Fux. Primeira Turma. Julgamento em 14 de setembro de 2010. *DJe*, 29 set. 2010.

Pode-se entender que tal dispositivo respalda o caráter declaratório do lançamento, pois determina a aplicação da taxa de câmbio vigente à época do fato gerador da obrigação tributária, em vez do índice contemporâneo ao próprio lançamento tributário.

Com relação à possibilidade de ser editada lei dispondo em contrário, Misabel Abreu Machado Derzi esclarece que, sob a ordem constitucional atual, a pessoa estatal competente pelo respectivo tributo poderá decidir:

> Assim, a decisão sobre a taxa de conversão cambial – se a oficial ou a de mercado; se a do dia da ocorrência do fato jurídico ou não – pode ser tomada livremente pelo legislador ordinário da pessoa estatal competente. Em caso de omissão, aplica-se a regra supletiva do art. 143, sendo obrigatória a conversão ao câmbio vigente no dia da realização do fato jurídico. Quanto à taxa de conversão, se oficial ou não, frente ao silêncio do CTN, a jurisprudência tem-se mostrado oscilante, não sendo raras as vezes em que vem admitindo a utilização da taxa em vigor no mercado livre (ver RMS nº 18.611, STF, 2ª T., Rel. Aliomar Baleeiro, RTJ, 48/661).[227]

Legislação aplicável ao lançamento

No que se refere à legislação aplicável ao lançamento, o CTN, em seu art. 144, estabelece diferença de acordo com o conteúdo da legislação. Explica-se.

O *caput* do mencionado artigo dispõe que "o lançamento reporta-se à data da ocorrência do fato gerador da obrigação e

---

[227] DERZI, Misabel Abreu Machado. Notas de atualização ao art. 143. In: BALEEIRO, Aliomar. *Direito tributário brasileiro*. 11. ed. atual. Misabel Abreu Derzi. Rio de Janeiro: Forense, 2003c. p. 792.

rege-se pela lei então vigente, ainda que posteriormente modificada ou revogada".

Em primeiro lugar, é importante observar que a redação desse dispositivo é encarada por parte da doutrina como mais uma ratificação, pelo CTN, de que a natureza do lançamento é declaratória. Vejam-se as afirmações de Aliomar Baleeiro:

> No art. 144, temos outra convicção de que o CTN atribui caráter declaratório ao lançamento, pois dispõe que ele não se regerá pela lei em vigor na data em que a autoridade procede à sua elaboração, como aconteceria se tivesse natureza constitutiva. O lançamento retroage à data do fato gerador e rege-se pela lei então vigente.
>
> Essa lei regulará a base de cálculo, a tipicidade do fato gerador da obrigação principal, a alíquota, ainda que já esteja modificada ou revogada. Sobrevive para as situações jurídicas definitivamente constituídas ao tempo de sua vigência.
>
> *O lançamento apura e reconhece uma situação de fato num momento no tempo, o do dia do fato gerador, segundo a lei em vigor nesse dia. Este é o princípio geral.*[228]

Em segundo lugar, a norma veiculada por meio do referido artigo é verdadeira expressão, no CTN, do princípio da irretroatividade das leis, disposto genericamente no art. 5º, XXXVI, da CRFB/1988 e especificamente em matéria tributária, no art. 150, III, "a", da Carta Magna. Isso porque o lançamento a que faz referência o dito dispositivo é o ato administrativo de lançamento, entendido como aquele por meio do qual a autoridade fiscal aplica a norma abstrata e geral ao caso concreto – considerando que a obrigação tributária nasce com a ocorrência do

---

[228] BALEEIRO, Aliomar. *Direito tributário brasileiro*, 2003, op. cit., p. 792, grifo nosso.

fato imponível, que, subsumindo-se à hipótese descrita na norma tributária, faz nascer o dever de realizar a prestação prevista na referida hipótese.

Sendo assim, nada mais natural que seja respeitada a ideia traduzida no brocardo *tempus regit actum*, segundo o qual os atos (ou fatos) jurídicos são regidos pela lei da época em que aconteceram, por uma questão de segurança jurídica do contribuinte. Esclarece Misabel Abreu Machado Derzi:

> Como já realçamos, os arts. 143 e 144 do CTN partem do pressuposto de que o lançamento não cria a obrigação tributária. Portanto, o direito de crédito da Fazenda Pública, ao qual acresce liquidez e exigibilidade, lhe é preexistente. O lançamento, sob esse prisma, tem efeitos meramente declaratórios, devendo aplicar a norma legal em vigor no momento do real nascimento da obrigação (que, aliás, coincide com o momento da criação do direito de crédito da Fazenda Pública).
>
> A regra do art. 144, *caput*, que é regra de Direito material, regente do conteúdo substancial do lançamento e que deve refletir a estrutura fundamental do tributo, não encontra nenhuma exceção, nem mesmo como reiteradamente vem decidindo o STF, em relação à correção monetária. *E nem poderia, uma vez que é simples desdobramento, no Direito Tributário, do princípio da irretroatividade das leis, tão insistentemente consagrado na Constituição de 1988. Assim, mesmo que à época da efetuação do lançamento, estiver [sic] totalmente revogada a lei vigente na data do fato jurídico, dar-se-á a ultratividade plena da lei ab-rogada, não podendo aplicar lei nova, de vigência posterior à ocorrência do fato jurídico.*[229]

---

[229] DERZI, Misabel Abreu Machado. Notas de atualização ao art. 144. In: BALEEIRO, Aliomar. *Direito tributário brasileiro*. 11. ed. atual. Misabel Abreu Machado Derzi. Rio de Janeiro: Forense, 2003d. p. 795, grifo nosso.

Mencione-se o teor das súmulas n°s 112 e 113, editadas pelo Supremo Tribunal Federal, por meio das quais foi assentada a irretroatividade das normas materiais tributárias quando da "constituição do crédito tributário":

> Súmula nº 112: O IMPOSTO DE TRANSMISSÃO "CAUSA MORTIS" É DEVIDO PELA ALÍQUOTA VIGENTE AO TEMPO DA ABERTURA DA SUCESSÃO.

> Súmula nº 113: O IMPOSTO DE TRANSMISSÃO "CAUSA MORTIS" É CALCULADO SOBRE O VALOR DOS BENS NA DATA DA AVALIAÇÃO.

Por outro lado, o primeiro parágrafo do art. 144 do CTN realiza a seguinte ressalva:

> § 1º. Aplica-se ao lançamento a legislação que, posteriormente à ocorrência do fato gerador da obrigação, tenha instituído novos critérios de apuração ou processos de fiscalização, ampliado os poderes de investigação das autoridades administrativas, ou outorgado ao crédito maiores garantias ou privilégios, exceto, neste último caso, para o efeito de atribuir responsabilidade tributária a terceiros.

O lançamento a que tal dispositivo se refere, nesse caso, é o lançamento entendido como procedimento administrativo tendente a apurar a ocorrência do fato gerador. Nesse sentido, dispõe que as normas procedimentais e processuais que disciplinam o lançamento devem ser aplicadas imediatamente após sua entrada em vigor.

O Superior Tribunal de Justiça já teve a oportunidade de se manifestar sobre o assunto quando proferiu decisão sobre a aplicabilidade das alterações trazidas pela Lei Complementar nº 105/2001, a qual, revogando o art. 38 da Lei nº 4.595/1964, passou a regular a possibilidade de a administração fiscal poder examinar documentos, livros e registros de instituições financeiras independentemente de autorização judicial. Eis a ementa do Recurso Especial nº 1.134.665, submetido à sistemática dos recursos repetitivos:

> PROCESSO CIVIL. RECURSO ESPECIAL REPRESENTATIVO DE CONTROVÉRSIA. ARTIGO 543-C, DO CPC. TRIBUTÁRIO. QUEBRA DO SIGILO BANCÁRIO SEM AUTORIZAÇÃO JUDICIAL. *CONSTITUIÇÃO DE CRÉDITOS TRIBUTÁRIOS REFERENTES A FATOS IMPONÍVEIS ANTERIORES À VIGÊNCIA DA LEI COMPLEMENTAR 105/2001. APLICAÇÃO IMEDIATA. ARTIGO 144, § 1º, DO CTN. EXCEÇÃO AO PRINCÍPIO DA IRRETROATIVIDADE.*
>
> *1. A quebra do sigilo bancário sem prévia autorização judicial, para fins de constituição de crédito tributário não extinto, é autorizada pela Lei 8.021/90 e pela Lei Complementar 105/2001, normas procedimentais, cuja aplicação é imediata, à luz do disposto no artigo 144, § 1º, do CTN.*
>
> 2. O § 1º, do artigo 38, da Lei 4.595/64 (revogado pela Lei Complementar 105/2001), autorizava a quebra de sigilo bancário, desde que em virtude de determinação judicial, sendo certo que o acesso às informações e esclarecimentos, prestados pelo Banco Central ou pelas instituições financeiras, restringir-se-iam às partes legítimas na causa e para os fins nela delineados.
>
> 3. A Lei 8.021/90 (que dispôs sobre a identificação dos contribuintes para fins fiscais), em seu artigo 8º, estabeleceu que, iniciado o procedimento fiscal para o lançamento tributário de ofício (nos casos em que constatado sinal exterior de riqueza, vale dizer, gastos incompatíveis com a renda disponível do contribuinte), a autoridade fiscal poderia solicitar informações sobre operações realizadas pelo contribuinte em instituições fi-

nanceiras, inclusive extratos de contas bancárias, não se aplicando, nesta hipótese, o disposto no artigo 38, da Lei 4.595/64.

4. O § 3º, do artigo 11, da Lei 9.311/96, com a redação dada pela Lei 10.174, de 9 de janeiro de 2001, determinou que a Secretaria da Receita Federal era obrigada a resguardar o sigilo das informações financeiras relativas à CPMF, facultando sua utilização para instaurar procedimento administrativo tendente a verificar a existência de crédito tributário relativo a impostos e contribuições e para lançamento, no âmbito do procedimento fiscal, do crédito tributário porventura existente.

5. A Lei Complementar 105, de 10 de janeiro de 2001, revogou o artigo 38, da Lei 4.595/64, e passou a regular o sigilo das operações de instituições financeiras, preceituando que não constitui violação do dever de sigilo a prestação de informações, à Secretaria da Receita Federal, sobre as operações financeiras efetuadas pelos usuários dos serviços (artigo 1º, § 3º, inciso VI, c/c o artigo 5º, *caput*, da aludida lei complementar, e 1º, do Decreto 4.489/2002).

[...]

9. O artigo 144, § 1º, do Codex Tributário, dispõe que se aplica imediatamente ao lançamento tributário a legislação que, após a ocorrência do fato imponível, tenha instituído novos critérios de apuração ou processos de fiscalização, ampliado os poderes de investigação das autoridades administrativas, ou outorgado ao crédito maiores garantias ou privilégios, exceto, neste último caso, para o efeito de atribuir responsabilidade tributária a terceiros.

10. Consequentemente, as leis tributárias procedimentais ou formais, conducentes à constituição do crédito tributário não alcançado pela decadência, são aplicáveis a fatos pretéritos, razão pela qual a Lei 8.021/90 e a Lei Complementar 105/2001, por envergarem essa natureza, legitimam a atuação fiscalizatória/ investigativa da Administração Tributária, ainda que os fatos imponíveis a serem apurados lhes sejam anteriores (Precedentes

da Primeira Seção: EREsp 806.753/RS, Rel. Ministro Herman Benjamin, julgado em 22.08.2007, DJe 01.09.2008; EREsp 726.778/PR, Rel. Ministro Castro Meira, julgado em 14.02.2007, DJ 05.03.2007; e EREsp 608.053/RS, Rel. Ministro Teori Albino Zavascki, julgado em 09.08.2006, DJ 04.09.2006).
11. A razoabilidade restaria violada com a adoção de tese inversa conducente à conclusão de que Administração Tributária, ciente de possível sonegação fiscal, encontrar-se-ia impedida de apurá-la.
[...]
20. Recurso especial da Fazenda Nacional provido. Acórdão submetido ao regime do artigo 543-C, do CPC, e da Resolução STJ 08/2008.[230]

Não obstante a decisão acima mencionada, o Supremo Tribunal Federal reconheceu a repercussão geral desse tema nos autos do Recurso Extraordinário nº 601.314, de relatoria do ministro Ricardo Lewandowski, não tendo sido proferida nenhuma decisão de mérito até o momento.

Alteração e modificação do lançamento

Os arts. 145 e 146 do CTN têm a seguinte redação:

> Art. 145. O lançamento regularmente notificado ao sujeito passivo só pode ser alterado em virtude de:
> I - impugnação do sujeito passivo;
> II - recurso de ofício;
> III - iniciativa de ofício da autoridade administrativa, nos casos previstos no artigo 149.

---

[230] BRASIL. Superior Tribunal de Justiça. REsp nº 1.134.665/SP. Relator: ministro Luiz Fux. Primeira Seção. Julgamento em 25 de novembro de 2009. *DJe*, 18 dez. 2009, grifos nossos.

Art. 146. A modificação introduzida, de ofício ou em consequência de decisão administrativa ou judicial, nos critérios jurídicos adotados pela autoridade administrativa no exercício do lançamento somente pode ser efetivada, em relação a um mesmo sujeito passivo, quanto a fato gerador ocorrido posteriormente à sua introdução.

A leitura do art. 145 permite depreender que o lançamento é, via de regra, ato definitivo, que não comporta modificação pela autoridade que o elabora. A razão para tanto consiste na noção de que o ato administrativo de lançamento, vinculado que é, não admite a revogação, espécie de controle dos atos administrativos relacionada com o juízo de conveniência e oportunidade que o administrador realiza.[231] Eis a posição de Ricardo Lobo Torres sobre o tema:

> Recorde-se que os atos administrativos, genericamente considerados, desfazem-se por revogação ou por anulação. Revoga-se o ato por questões de sua inconveniência ou demérito; a revogação opera *ex nunc* e encontra respeito no direito adquirido. A anulação atinge o ato ilegal; opera *ex tunc* e desconhece as situações jurídicas constituídas, que se não aperfeiçoam ao arrepio da lei. A faculdade anulatória e revocatória, em decorrência do princípio da unidade administrativa, radica na própria ordem hierárquica.
>
> Em direito tributário, todavia, a questão comporta outras consequências. Sendo o lançamento atividade regrada, inadmite-se a revogação por motivos de conveniência. E a anulação – ou revisão – refoge à competência genérica da Administração, fundada no poder hierárquico, porque se institucionalizou o processo especial.

---

[231] BORGES, José Souto Maior. *Tratado de direito tributário brasileiro*, 1981, op. cit., p. 299.

Assim sendo, a revisão do lançamento só se torna possível nos casos expressamente previstos em lei, observadas as condições de prazo e de forma nele estabelecidas.[232]

Assim, o CTN estabelece três exceções taxativas[233] para a regra geral de inalterabilidade do lançamento: (1) em virtude da impugnação apresentada pelo sujeito passivo; (2) por conta do recurso de ofício da autoridade lançadora; (3) por conta da iniciativa de ofício da autoridade lançadora, nos termos do art. 149.

É possível dividir as exceções em dois grupos: o primeiro grupo relaciona-se aos casos em que a alteração é realizada em função do contencioso administrativo que venha a surgir após a notificação do sujeito passivo acerca do lançamento tributário.

Cabe ressaltar que a impugnação do sujeito passivo é a manifestação que inaugura o contencioso administrativo (no caso do processo administrativo federal, ver art. 14 do Decreto-Lei nº 70.235/1972 e art. 56 do Decreto nº 7.574/2011), por meio da qual o devedor expõe os motivos pelos quais determinada cobrança tributária é indevida, ainda que parcialmente.

Outrossim, é evidente que, eventualmente aceitas as considerações realizadas pelo sujeito passivo em sua impugnação, o lançamento será alterado, podendo até mesmo ser cancelado.

A segunda exceção consiste no recurso de ofício, que é o instrumento processual cabível contra as decisões administrativas proferidas em desfavor da administração fiscal (art. 34 do Decreto-Lei nº 70.235/1972 e art. 70 do Decreto nº 7.574/2011).

Por fim, o lançamento também pode ser alterado de ofício nos casos elencados nos incisos do art. 149 do CTN. Vale lem-

---

[232] TORRES, Ricardo Lobo. *Curso de direito financeiro e tributário*, 2008, op. cit., p. 278-279, grifo nosso.
[233] VICENTE, Petrúcio Malafaia. "Crédito tribuário", 2010, op. cit., p. 412.

brar que a revisão de ofício do lançamento constitui verdadeiro poder-dever da administração tributária, nas lições de Mary Elbe Gomes Queiroz Maia, razão pela qual, ainda que determinado contribuinte viesse a perder o prazo para a apresentação da competente defesa administrativa (impugnação, recurso voluntário etc.), se a autoridade fiscal verificar falha no lançamento, deverá retificá-lo de ofício. Nas palavras da mencionada doutrinadora:

> A revisão de ofício, na forma autorizada pelo Código Tributário Nacional (artigo 149), poderá ocorrer na hipótese em que seja verificada omissão ou erro do sujeito passivo ou da autoridade administrativa.
>
> Além de estar autorizada, entende-se muito mais que, antes de ser uma obrigação, constitui um *dever-poder da autoridade* lançadora para proceder à revisão de ofício do lançamento tributário efetuado, quando o sujeito passivo não impugna e ocorre a chamada revelia (o contribuinte não paga nem se defende) ou apresenta defesa intempestivamente (fora do prazo estabelecido legalmente) ou, ainda, quando a impugnação não se refere expressamente a todos os fatos e ao objeto do lançamento (artigo 17 do Decreto nº 70.235/1972 e alterações), em decorrência direta da conjugação dos princípios que regem o desempenho de suas funções.
>
> Outra também não é a interpretação de Hugo de Brito Machado, para quem "a administração não tem a faculdade, mas o dever de invalidar os seus atos".[234]

Por outro lado, o art. 146 dispõe sobre a impossibilidade de a autoridade lançadora modificar os critérios jurídicos adotados

---

[234] MAIA, Mary Elbe Gomes Queiroz. *Do lançamento tributário*, 1999, op. cit., p. 96-97, grifo no original.

no ato administrativo de lançamento em relação a um mesmo sujeito passivo com relação a fato gerador ocorrido em momento anterior à referida modificação.

Tal norma apenas reforça a ideia de inalterabilidade do lançamento – relacionada à segurança jurídica do contribuinte –, já introduzida no art. 145 do CTN.[235] De acordo com Sacha Calmon Navarro Coêlho:

> É esta uma regra de ouro para garantir o contribuinte, pois, já vimos, o lançamento é amplamente revisível por ato *ex officio* da Fazenda Pública, mormente nos casos dos tributos sujeitos a homologação – e que são maioria –, dado que, a qualquer tempo, enquanto não estiver precluso o *poder-dever* da Administração de operar o lançamento, o contribuinte pode ser visitado e revisitado pela fiscalização tributária à *la godaça*, irrestritamente.
>
> Embora José Souto Maior Borges e Castanheira Neves tenham demonstrado dificuldades para estremar a questão de direito da questão de fato, e Hugo de Brito Machado tenha preconizado um poder amplo de revisão do Fisco com esforço no *princípio da legalidade*, ficamos com a lei.
>
> *O lançamento tributário já definitivamente constituído é irreversível pela Administração em caso de erro de direito ou de valoração jurídica dos fatos. Entre nós ganhou foros de cidade a irrevisibilidade por erro na interpretação da lei ou por alteração nos critérios de sua aplicação quando com erronia agiu a própria Administração.* O CTN diz que tais critérios jurídicos podem ser alterados pela Administração ao produzir lançamentos, mas relativamente a fatos geradores posteriores à alteração. E agrega: no concernente a *um mesmo contribuinte*. Restringiu o alcance a tão somente os lançamentos já expedidos contra

---

[235] TORRES, Ricardo Lobo. *Curso de direito financeiro e tributário*, 2008, op. cit., p. 279-280.

dado e especificado contribuinte? Estamos com a Professora Misabel Derzi quando predica a irretroatividade do Direito todo: da lei, da jurisprudência, das decisões administrativas com fundamentação jurídica constante (reiteração) adotadas pelo Estado (o conteúdo normativo dessas decisões é evidente, tanto que são consideradas *normas* pelo art. 100 do CTN. O parágrafo único desse artigo libera o contribuinte quando erra obedecendo-as).

Tudo em nome da certeza e da segurança jurídicas e para que a Administração se esmere nos seus misteres.[236]

Citem-se, ainda, as posições de Leandro Paulsen e Luciano Amaro, respectivamente:

O artigo 146 do CTN positiva, em nível infraconstitucional, a necessidade de proteção da confiança do contribuinte na Administração Tributária, abarcando, de um lado, a impossibilidade de retratação de atos administrativos concretos que implique prejuízo relativamente à situação consolidada à luz de critérios anteriormente adotados e, de outro, a irretroatividade de atos administrativos normativos quando o contribuinte confiou nas normas anteriores.[237]

O art. 146 expressa mais do que a mera inalterabilidade do lançamento por mudança de critério jurídico, na medida em que, repita-se, estende a inalterabilidade do critério para todos os fatos geradores já ocorridos, mesmo que ainda não tenham sido objeto de lançamento.[238]

---

[236] COÊLHO, Sacha Calmon Navarro. *Curso de direito tributário brasileiro*, 2006, op. cit., p. 761-764, grifos nossos.
[237] PAULSEN, Leandro. *Direito tributário*: Constituição e Código Tributário à luz da doutrina e da jurisprudência. 12. ed. Porto Alegre: Livraria do Advogado, 2010. p. 1021.
[238] AMARO, Luciano. *Direito tributário brasileiro*. 13. ed. São Paulo: Saraiva, 2007. p. 353.

A jurisprudência pátria tem reconhecido a impossibilidade de revisão do lançamento em decorrência da alteração dos critérios jurídicos adotados pela autoridade lançadora em sua elaboração.

Segundo Cláudio Carneiro:

> Discussão surge quanto à possibilidade de existência de lançamento provisório no direito brasileiro. Embora parte da doutrina se situe no sentido de que não haja lançamento provisório, ousamos discordar, pois na análise dos arts. 145, 146 e 151, III, do CTN, o lançamento pode ser modificado nos casos expressos em seus incisos. Ocorre que as hipóteses previstas nesses artigos alargam, e muito, as possibilidades, porque são bastante genéricas. Exemplifiquemos com base no art. 151, III, do CTN, pois até o julgamento definitivo do procedimento administrativo fiscal o lançamento pode ser alterado pela revisão de ofício ou pelo processo administrativo fiscal, daí ser provisório, até porque a exigibilidade do crédito estaria suspensa.[239]

Nesse contexto, vale mencionar que o antigo Tribunal Federal de Recursos editou a Súmula nº 227, com a seguinte redação: "A mudança no critério jurídico adotado pelo fisco não autoriza a revisão do lançamento". Necessário esclarecer, entretanto, que meros erros de fato autorizam a revisão do lançamento, de acordo com a maior parte da doutrina brasileira e com a jurisprudência do Superior Tribunal de Justiça.

Sobre a distinção entre erro de fato e erro de direito,[240] e as consequências tributário-administrativas da caracterização de

---

[239] CARNEIRO, Cláudio. *Curso de direito tributário e financeiro*. 4. ed. São Paulo: Saraiva, 2013. p. 614.
[240] Para Sacha Calmon Navarro Coêlho, "o erro de fato ou erro sobre o fato dar-se-ia no plano dos acontecimentos: dar por ocorrido o que não ocorreu. Valorar fato diverso daquele implicado na controvérsia ou no tema sob inspeção. O erro de direito seria, à

cada tipo de erro, vale a pena conferir as lições de Mary Elbe Gomes Queiroz Maia:

> Na ocorrência de qualquer irregularidade ou fato que implique anulamento, é imprescindível, com o intuito de se restabelecer a legalidade violada, estando abrangida até pelo dever-poder da autoridade administrativa e compreendida dentro da legalidade, verdade material, oficialidade e inquisitoriedade, a necessidade de que se proceda a novo lançamento, agora corretamente, desde que respeitados os limites legais, em consideração à segurança jurídica e à certeza do direito.
>
> No tocante ao impedimento legal para que seja executado novo lançamento, no caso de mudança de critério jurídico, é relevante considerar que neste conceito se incluem não só a ignorância da norma jurídica, como também o seu falso conhecimento e a sua interpretação errônea, haja vista que a ninguém é dado desconhecer a lei, muito menos ao Fisco que é quem detém a obrigação legal de aplicá-la e interpretá-la como uma das funções que lhe são inerentes e a mais especial.
>
> *Nesta hipótese não há que se abrir a possibilidade de novo lançamento devendo o Fisco arcar com o ônus da perda do crédito tributário em decorrência da sua ineficiência, erro, omissão ou negligência, a ele restando, tão somente, a imputação de responsabilidade civil, administrativa ou penal, ao seu servidor quando comprovado que o prejuízo do erário decorreu do exercício irregular das respectivas atribuições funcionais.*

---

sua vez, decorrente da escolha equivocada de um módulo normativo inserível ou não mais aplicável à regência da questão que estivesse sendo juridicamente considerada. Entre nós, os critérios jurídicos (art. 146, CTN) reiteradamente aplicados pela Administração na feitura de lançamentos têm conteúdo de precedente obrigatório. Significa que tais critérios podem ser alterados em razão de decisão judicial ou administrativa, mas a aplicação dos *novos critérios* somente pode dar-se em relação aos fatos geradores posteriores à alteração" (COÊLHO, Sacha Calmon Navarro. *Curso de direito tributário brasileiro*, 2006, op. cit., p. 764, grifo no original).

Sobre a pertinência da execução de novo lançamento podem-se encontrar argumentos também nos magistérios de Luciano Amaro e de Hugo de Brito Machado, tendo em vista que há que distinguir o crédito tributário considerado como realidade formal (exteriorização do lançamento) que pode estar viciado ou eivado de legalidade, da obrigação tributária ou do poder jurídico de criar o crédito tributário, já que a obrigação tributária não é atingida por qualquer circunstância capaz de modificar o crédito tributário, a qual permanecerá sempre, mesmo quando anulado o lançamento, podendo ser objeto de novo lançamento em forma adequada.[241]

Os julgados do Superior Tribunal de Justiça que se seguem demonstram com clareza seu entendimento sobre o tema.

> TRIBUTÁRIO – IMPORTAÇÃO – DESEMBARAÇO ADUANEIRO – RECLASSIFICAÇÃO DA MERCADORIA – REVISÃO DE LANÇAMENTO POR ERRO DE DIREITO – IMPOSSIBILIDADE – SÚMULA 227 DO EXTINTO TFR.
> 1. É permitida a revisão do lançamento tributário, quando houver erro de fato, *entendendo-se este como aquele relacionado ao conhecimento da existência de determinada situação. Não se admite a revisão quando configurado erro de direito consistente naquele que decorre do conhecimento e da aplicação incorreta da norma.*
> 2. A jurisprudência do STJ, acompanhando o entendimento do extinto TRF consolidado na Súmula 227, tem entendido que o contribuinte não pode ser surpreendido, após o desembaraço aduaneiro, com uma nova classificação, proveniente de correção de erro de direito.

---

[241] MAIA, Mary Elbe Gomes Queiroz. *Do lançamento tributário*, 1999, op. cit., p. 75, grifos nossos.

3. Hipótese em que o contribuinte atribuiu às mercadorias classificação fiscal amparada em laudo técnico oficial confeccionado a pedido da auditoria fiscal, por profissional técnico credenciado junto à autoridade alfandegária e aceita por ocasião do desembaraço aduaneiro.[242]

TRIBUTÁRIO. AGRAVO REGIMENTAL NO AGRAVO DE INSTRUMENTO. IMPOSTO DE IMPORTAÇÃO. EQUÍVOCO NA DECLARAÇÃO DE IMPORTAÇÃO. LEGISLAÇÃO APLICÁVEL. ALÍQUOTA. ERRO DE DIREITO. REVISÃO. IMPOSSIBILIDADE.

1. *Hipótese em que se discute se a indicação, pelo contribuinte, de legislação errônea na Declaração de Importação devidamente recebida pela autoridade alfandegária consiste em erro de fato e, portanto, pode dar ensejo à posterior revisão, pela Fazenda, do tributo devido; ou se trata-se de mudança de critério jurídico, cuja revisão é vedada pelo CTN.*

2. *A jurisprudência desta Corte é pacífica no sentido de que o erro de direito (o qual não admite revisão) é aquele que decorre da aplicação incorreta da norma. Precedentes. Por outro lado, o erro de fato é aquele consubstanciado "na inexatidão de dados fáticos, atos ou negócios que dão origem à obrigação tributária"* (EDcl no REsp 1174900/RS, Rel. Ministro Mauro Campbell Marques, Segunda Turma, DJe 09/05/2011).

3. *Da análise dos autos, verifica-se que ocorreu a indicação de legislação equivocada no momento da internalização da mercadoria, o que culminou com o pagamento da alíquota em valor reduzido, de sorte que não houve engano a respeito da ocorrência ou não de determinada situação de fato, mas sim em relação à norma incidente*

---

[242] BRASIL. Superior Tribunal de Justiça. AgRg no REsp nº 1.347.324/RS. Agravo Regimental no Recurso Especial 2012/0207909-4. Relatora: ministra Eliana Calmon. Segunda Turma. Julgamento em 6 de agosto de 2013. *DJ*, 14 ago. 2013, grifo nosso.

na situação, como, aliás, registrou o acórdão recorrido. Assim, não há falar em possibilidade de revisão do lançamento no caso dos autos, mormente porque, ao desembaraçar o bem importado, o fisco tem, ao menos em tese, a oportunidade de conferir as informações prestadas pelo contribuinte em sua declaração.
4. Agravo regimental não provido.[243]

PROCESSO CIVIL. RECURSO ESPECIAL REPRESENTATIVO DE CONTROVÉRSIA. ARTIGO 543-C, DO CPC. TRIBUTÁRIO E PROCESSO ADMINISTRATIVO FISCAL. LANÇAMENTO TRIBUTÁRIO. IPTU. RETIFICAÇÃO DOS DADOS CADASTRAIS DO IMÓVEL. FATO NÃO CONHECIDO POR OCASIÃO DO LANÇAMENTO ANTERIOR (DIFERENÇA DA METRAGEM DO IMÓVEL CONSTANTE DO CADASTRO). RECADASTRAMENTO. NÃO CARACTERIZAÇÃO. REVISÃO DO LANÇAMENTO. POSSIBILIDADE. ERRO DE FATO. CARACTERIZAÇÃO.
1. A retificação de dados cadastrais do imóvel, após a constituição do crédito tributário, autoriza a revisão do lançamento pela autoridade administrativa (desde que não extinto o direito potestativo da Fazenda Pública pelo decurso do prazo decadencial), quando decorrer da apreciação de fato não conhecido por ocasião do lançamento anterior, *ex vi* do disposto no artigo 149, inciso VIII, do CTN.
[...]
5. Assim é que *a revisão do lançamento tributário por erro de fato* (artigo 149, inciso VIII, do CTN) reclama *o desconhecimento de sua existência ou a impossibilidade de sua comprovação à época da constituição do crédito tributário.*

---

[243] BRASIL. Superior Tribunal de Justiça. AgRg no Ag nº 1422444/AL. Relator: ministro Benedito Gonçalves. Primeira Turma. Julgamento em 4 de outubro de 2012. *DJe*, 11 out. 2012, grifos nossos.

6. *Ao revés, nas hipóteses de erro de direito (equívoco na valoração jurídica dos fatos), o ato administrativo de lançamento tributário revela-se imodificável, máxime em virtude do princípio da proteção à confiança, encartado no artigo 146, do CTN, segundo o qual "a modificação introduzida, de ofício ou em consequência de decisão administrativa ou judicial, nos critérios jurídicos adotados pela autoridade administrativa no exercício do lançamento somente pode ser efetivada, em relação a um mesmo sujeito passivo, quanto a fato gerador ocorrido posteriormente à sua introdução".*

7. Nesse segmento, é que a Súmula 227/TFR consolidou o entendimento de que "a mudança de critério jurídico adotado pelo Fisco não autoriza a revisão de lançamento".

[...]

10. *Consectariamente, verifica-se que o lançamento original reportou-se à área menor do imóvel objeto da tributação, por desconhecimento de sua real metragem, o que ensejou a posterior retificação dos dados cadastrais (e não o recadastramento do imóvel), hipótese que se enquadra no disposto no inciso VIII, do artigo 149, do Codex Tributário, razão pela qual se impõe a reforma do acórdão regional, ante a higidez da revisão do lançamento tributário.*

11. Recurso especial provido. Acórdão submetido ao regime do artigo 543-C, do CPC, e da Resolução STJ 08/2008.[244]

TRIBUTÁRIO. GUIAS DE IMPORTAÇÃO VENCIDAS E UTILIZADAS PELO CONTRIBUINTE. DESEMBARAÇO ADUANEIRO AUTORIZADO PELA AUTORIDADE FISCAL. POSTERIOR REVISÃO DO LANÇAMENTO. POSSIBILIDADE. ERRO DE FATO VERIFICADO DENTRO DO PRAZO DECADENCIAL PARA CONSTITUIÇÃO DO CRÉDITO TRIBUTÁRIO.

---

[244] BRASIL. Superior Tribunal de Justiça. REsp nº 1.130.545/RJ. Relator: ministro Luiz Fux. Primeira Seção. Julgamento em 9 de agosto de 2010. *DJe*, 22 fev. 2011, grifos nossos.

1. Se a autoridade fiscal procede ao desembaraço aduaneiro à vista de guias de importação vencidas, circunstância dela desconhecida e ocultada pelo contribuinte, caracteriza-se erro de fato, e não erro de direito.
2. *Por erro de fato deve-se entender aquele relacionado ao conhecimento da existência de determinada situação.*
3. *Diz-se erro de direito aquele que decorre do conhecimento e da aplicação incorreta da norma.*
4. Se o desembaraço aduaneiro é realizado sob o pálio de erro de fato, é possível sua revisão dentro do prazo decadencial, à luz do art. 149, IV, do CTN. Precedentes desta Corte.
Agravo regimental provido.[245]

Lançamento: espécies

A partir de seu art. 147 – que inaugura a seção II do capítulo que trata da constituição do crédito tributário –, o CTN passa a dispor sobre as espécies de lançamento. As modalidades de lançamento podem ser classificadas, levando-se em consideração o nível de participação do sujeito passivo em sua elaboração, da seguinte maneira:

❑ lançamento por declaração (art. 147);
❑ lançamento de ofício (art. 149);
❑ lançamento por arbitramento (art. 148);
❑ lançamento por homologação (art. 150).

Adiante, serão estudadas todas as espécies de lançamento tributário presentes no ordenamento jurídico brasileiro.

---

[245] BRASIL. Superior Tribunal de Justiça. AgRg no REsp nº 942.539/SP. Relator: ministro Humberto Martins. Segunda Turma. Julgamento em 2 de setembro de 2010. *DJe*, 13 out. 2010, grifo nosso.

Lançamento por declaração

O lançamento por declaração (ou lançamento misto), previsto no art. 147 do CTN, situa-se em posição intermediária na escala de participação do sujeito passivo na atividade administrativa de lançamento. Eis a redação do mencionado artigo:

> Art. 147. O lançamento é efetuado com base na declaração do sujeito passivo ou de terceiro, quando um ou outro, na forma da legislação tributária, presta à autoridade administrativa informações sobre matéria de fato, indispensáveis à sua efetivação.
>
> § 1º. A retificação da declaração por iniciativa do próprio declarante, quando vise a reduzir ou a excluir tributo, só é admissível mediante comprovação do erro em que se funde, e antes de notificado o lançamento.
>
> § 2º. Os erros contidos na declaração e apuráveis pelo seu exame serão retificados de ofício pela autoridade administrativa a que competir a revisão daquela.

Este tipo de lançamento é realizado mediante a declaração de informações, pelo sujeito passivo, acerca de dados relativos ao fato gerador, os quais serão utilizados pelo fisco para individualizar a norma tributária ao caso concreto.

Nesse contexto, podem-se citar, como exemplos de tributos sujeitos ao lançamento por declaração, o imposto sobre a transmissão de bens *inter vivos* (ITBI) e o imposto sobre a transmissão *causa mortis* e por doação de quaisquer bens e direitos (ITCD).

O lançamento por declaração se distingue do lançamento por homologação na medida em que aquele não gera efeitos "confirmatório-extintivos", já que não há a obrigação de realizar a antecipação do pagamento, sendo que este só é possível, na verdade, após a notificação regular do ato de lançamento ao sujeito passivo (que poderá pagar ou não).[246]

Assim, conclui-se que a iniciativa do sujeito passivo limita-se aos atos preparatórios do lançamento, alimentando a administração tributária das informações necessárias para a quantificação do tributo devido, ou seja, há apenas a *colaboração* do administrado.

Existe uma presunção *iuris tantum* de veracidade quanto às informações fiscais prestadas pelo sujeito passivo ou terceiro legalmente obrigado. No entanto, se os valores ou o preço de bens, direitos, serviços ou atos jurídicos não corresponderem às declarações ou esclarecimentos prestados (omissão ou erro na escrita), a autoridade lançadora arbitrará aquele valor ou preço, sempre em atenção ao devido processo legal (art. 148 do CTN), conforme será visto adiante.

O § 1º do art. 147 do CTN estabelece que a retificação na declaração tendente a diminuir ou excluir o tributo, de iniciativa do sujeito passivo, só poderia ser procedida em momento anterior à correspondente notificação do lançamento – e desde que provado o erro em que se funde, por óbvio.

Neste ponto, Sacha Calmon Navarro Coêlho[247] adverte que, se em um primeiro momento essa restrição parece afrontar aos princípios da verdade real (de acordo com o qual a administração tributária deve ordenar seus trabalhos no sentido de encontrar a realidade material dos fatos) e da economia processual, tal violação não ocorre, já que o erro na declaração poderá ser demonstrado mediante a apresentação de impugnação ao lançamento. E complementa: "depois de notificado do lançamento,

---

[246] DERZI, Misabel Abreu Machado. Notas de atualização ao art. 147. In: BALEEIRO, Aliomar. *Direito tributário brasileiro*. 11. ed. atual. Misabel Abreu Machado Derzi. Rio de Janeiro: Forense, 2003e. p. 817.
[247] COÊLHO, Sacha Calmon Navarro. *Curso de direito tributário brasileiro*, 2006, op. cit., p. 767.

é claro, caberá reclamação para retificação do erro, e não mais *modificação* da declaração pelo próprio declarante".

Lançamento de ofício

O lançamento de ofício, previsto no art. 149 do CTN, é aquele em que a própria administração fiscal toma a iniciativa de elaborar, sem qualquer participação do sujeito passivo no procedimento preparatório para o ato. Veja-se a redação do mencionado artigo:

> Art. 149. O lançamento é efetuado e revisto de ofício pela autoridade administrativa nos seguintes casos:
> I - quando a lei assim o determine;
> II - quando a declaração não seja prestada, por quem de direito, no prazo e na forma da legislação tributária;
> III - quando a pessoa legalmente obrigada, embora tenha prestado declaração nos termos do inciso anterior, deixe de atender, no prazo e na forma da legislação tributária, a pedido de esclarecimento formulado pela autoridade administrativa, recuse-se a prestá-lo ou não o preste satisfatoriamente, a juízo daquela autoridade;
> IV - quando se comprove falsidade, erro ou omissão quanto a qualquer elemento definido na legislação tributária como sendo de declaração obrigatória;
> V - quando se comprove omissão ou inexatidão, por parte da pessoa legalmente obrigada, no exercício da atividade a que se refere o artigo seguinte;
> VI - quando se comprove ação ou omissão do sujeito passivo, ou de terceiro legalmente obrigado, que dê lugar à aplicação de penalidade pecuniária;
> VII - quando se comprove que o sujeito passivo, ou terceiro em benefício daquele, agiu com dolo, fraude ou simulação;

VIII - quando deva ser apreciado fato não conhecido ou não provado por ocasião do lançamento anterior;
IX - quando se comprove que, no lançamento anterior, ocorreu fraude ou falta funcional da autoridade que o efetuou, ou omissão, pela mesma autoridade, de ato ou formalidade especial.
Parágrafo único. A revisão do lançamento só pode ser iniciada enquanto não extinto o direito da Fazenda Pública.

Em primeiro lugar, cabe fazer a distinção entre o lançamento de ofício nos casos em que a lei determina (inciso I) e as demais situações em que a administração tributária deva realizá-lo (incisos II a IX).

De acordo com Aliomar Baleeiro,[248] o lançamento de ofício por determinação legal será utilizado quando houver omissão completa de declaração do sujeito passivo ou, então, quando não for cômoda a adoção dos outros tipos de lançamento, por conta da natureza do tributo a ser lançado. O imposto sobre a propriedade territorial e predial urbana (IPTU) e o imposto sobre a propriedade de veículos automotores (IPVA) são dois exemplos de tributos sujeitos ao lançamento de ofício por determinação legal. Ressalte-se que, em relação ao IPTU, foi editada a Súmula nº 397 do STJ: "O contribuinte do IPTU é notificado do lançamento pelo envio do carnê ao seu endereço".

Os demais incisos do art. 149 especificam as situações em que o lançamento (ou revisão) de ofício é realizado em substituição a outro tipo de lançamento legalmente previsto para determinado tributo. Misabel Abreu Machado Derzi resume bem seu alcance:

> ❏ o inciso II (do art. 149) prevê a substituição do lançamento com base em declaração pelo lançamento de ofício quando a

---

[248] BALEEIRO, Aliomar. *Direito tributário brasileiro*, 2003, op. cit., p. 822.

declaração não seja prestada, por quem de direito, no prazo e na forma da legislação tributária, contemplando hipótese de omissão total;

☐ o item III (do art. 149) já refere casos de omissão parcial de declarações, não atendimento, recusa ou insuficiência de esclarecimentos prestados pelo declarante, que também autorizam o procedimento do lançamento de ofício;

☐ o item IV contempla as hipóteses de falsidade, erro ou omissão comprovados, que levarão à prática de lançamento ou revisão de ofício e, eventualmente, poderão acarretar o arbitramento, disciplinado pelo art. 148;

☐ o item V refere-se à omissão ou inexatidão comprovadas por parte da pessoa obrigada ao lançamento por homologação, o que autoriza a efetuação de procedimento para lançar de ofício e, sendo imprestável a escrita ou os documentos mantidos pelo sujeito passivo, recorrerá a autoridade à técnica do arbitramento, contemplada no art. 148;

☐ o item VI regula a hipótese de ação ou omissão passíveis de aplicação de penalidade ao sujeito passivo, embora todas as omissões, falsidades e erros comprovados e referidos nos itens anteriores sejam ilícitos sancionáveis. Tais ilícitos podem configurar descumprimento de dever acessório isoladamente (como é o descumprimento do dever de colaboração em geral com a Administração) ou em conjugação com o descumprimento do dever de pagar o tributo propriamente dito;

☐ o item VII menciona as hipóteses de dolo, fraude ou simulação que são apenas desdobramento do item anterior, uma vez que configuram ilícitos passíveis de aplicação de penalidade;

☐ o item VIII contempla a hipótese de revisão de ofício se ocorre fato não conhecido ou não provado na ocasião do lançamento. Restringe-se o inciso à revisão de ofício de lançamento originário, quer de ofício, quer com base em declaração ou

por homologação, decorrente de "erro de fato", em regra provocado voluntária ou dolosamente pelo sujeito passivo;
❑ finalmente, o item IX regula o lançamento de ofício em caso comprovado de fraude, falta funcional ou omissão da autoridade lançadora, quer a atividade ilícita da autoridade beneficie ou prejudique o sujeito passivo. Disciplina, assim, caso de ilícito administrativo, que pode ser leve ou grave e mesmo configurar crime (de excesso de exação, art. 316 do CP; prevaricação, art. 319 do CP; falsidade ideológica etc.). A revisão de ofício poderá beneficiar ou agravar a situação do sujeito passivo.[249]

Assim, é fácil perceber que, em todos os casos acima, há falha na atitude do contribuinte enquanto tal, razão pela qual a lei atribui o poder-dever da administração tributária de supri-la, mediante o lançamento de ofício. Nesses casos, a autoridade lançadora elabora um auto de infração (que pode ter outros nomes, de acordo com o sujeito ativo da obrigação tributária), por meio do qual é cobrado o valor do tributo devido, acrescido dos consectários moratórios e/ou outras penalidades cabíveis.

LANÇAMENTO POR ARBITRAMENTO

O lançamento por arbitramento, previsto no art. 148 do CTN, consiste, na realidade, em técnica do lançamento de ofício utilizada nos casos em que as declarações prestadas pelo sujeito passivo acerca da base de cálculo ou de elementos relevantes para a apuração do tributo devido sejam insuficientes ou não mereçam fé:

---

[249] DERZI, Misabel Abreu Machado. Notas de atualização ao art. 149. In: BALEEIRO, Aliomar. *Direito tributário brasileiro*. 11. ed. atual. Misabel Abreu Machado Derzi. Rio de Janeiro: Forense, 2003f. p. 825-826.

Art. 148. Quando o cálculo do tributo tenha por base, ou tome em consideração, o valor ou o preço de bens, direitos, serviços ou atos jurídicos, a autoridade lançadora, mediante processo regular, arbitrará aquele valor ou preço, sempre que sejam omissos ou não mereçam fé as declarações ou os esclarecimentos prestados, ou os documentos expedidos pelo sujeito passivo ou pelo terceiro legalmente obrigado, ressalvada, em caso de contestação, avaliação contraditória, administrativa ou judicial.

Ou seja, nos casos em que o sujeito passivo deva declarar a ocorrência do fato gerador e suas minúcias para a autoridade administrativa realizar o lançamento (lançamento por declaração), ou naqueles em que o próprio sujeito passivo tenha a obrigação legal de apurar o montante do tributo devido e realizar seu pagamento antecipado (lançamento por homologação), quando as informações ou documentos utilizados para a apuração do tributo não forem dignas de confiança, a autoridade lançadora poderá arbitrar, mediante processo regular, a base de cálculo ou algum elemento que a compõe, para, assim, alcançar o valor a ser pago pelo sujeito passivo.

Vale mencionar que o arbitramento é hipótese excepcional da utilização de presunções/ficções no direito administrativo tributário, uma vez que a atividade da administração tributária, no exercício do lançamento e no processo administrativo que venha a sobejar-lhe, é pautada justamente pelo princípio da verdade material. Com relação à interação entre a técnica de arbitramento e o princípio da verdade material, importa trazer à baila as lições de Alberto Xavier:

> A questão está em saber se os métodos probatórios indiciários, aí aonde são autorizados a intervir, são, em si mesmos, compatíveis com o princípio da verdade material.
>
> *Nos casos em que não existe ou é deficiente a prova direta pré-constituída, a Administração fiscal deve também investigar*

livremente a verdade material. É certo que ela não dispõe agora de uma base probatória fornecida diretamente pelo contribuinte ou por terceiros; e por isso deverá ativamente recorrer a todos os elementos necessários à sua convicção.

Tais elementos serão, via de regra, constituídos por provas indiretas, isto é, por fatos indiciantes, dos quais se procura extrair, com o auxílio de regras da experiência comum, da ciência ou da técnica, uma ilação quanto aos fatos indiciados. A conclusão ou prova não se obtém diretamente, mas indiretamente, através de um juízo de relacionação normal entre o indício e o tema da prova. Objeto de prova em qualquer caso são os fatos abrangidos na base de cálculo (principal ou substitutiva) prevista na lei: só que num caso a verdade material se obtém de um modo direto e nos outros de um modo indireto, fazendo intervir ilações, presunções, juízo de probabilidade ou de normalidade. *Tais juízos devem ser, contudo, suficientemente sólidos para criar no órgão de aplicação do direito a convicção da verdade.*

Em qualquer caso, está-se sempre perante o mesmo objetivo: a descoberta da verdade material, variando apenas os métodos probatórios predominantemente utilizados pela Administração fiscal, métodos esses que exprimem, afinal, as dificuldades e limitação que a natureza do caso concreto suscita à fixação da verdade.

Contudo, as naturais limitações na fixação da verdade não devem conduzir a arvorar-se a simples probabilidade em princípio de decisão. Reconhecer-se que a certeza é relativa – consequência inevitável de todo o juízo histórico – não autoriza a confundir-se verdade e verossimilhança, enquanto a primeira exclui a reserva da verdade contrária. É evidente que a convicção do órgão de aplicação do direito é suscetível de graduação e que, portanto, o grau de convicção necessário para se falar em prova há de ser o necessário para justificar a decisão de que se trata no caso concreto. Mas a prova bastante do fato tributário não se compadece, em qualquer caso, com a representação da probabilidade de uma afirmação contrária.[250]

Dessa forma, considerando que o lançamento por arbitramento é procedimento considerado radical, já que detém carga valorativa inerentemente negativa – pois tem como pressuposto o fato de que determinada informação do sujeito passivo não é digna de confiança –, sua utilização é residual. Como bem adverte Misabel Abreu Machado Derzi:

> Sendo feito o lançamento de ofício ou a sua revisão nas hipóteses elencadas no art. 149 citado, poderá o Fisco servir-se da técnica do arbitramento, obedecidos os pressupostos e requisitos do art. 148, quais sejam:
> ❏ prévia desonestidade do sujeito passivo nas informações prestadas, abalando-se a crença nos dados por ele oferecidos, erro ou omissão na escrita que impossibilite sua consideração, tornando-a imprestável;
> ❏ avaliação contraditória administrativa ou judicial de preços, bens, serviços ou atos jurídicos, em processo regular (devido processo legal);
> ❏ utilização, pela Administração, de quaisquer meios probatórios, desde que razoáveis e assentados em presunções tecnicamente aceitáveis (preços estimados segundo o valor médio alcançado no mercado local daquele ramo industrial ou comercial – pautas de valores; ou índice de produção pautado em valores utilizados, em período anterior, no desempenho habitual da empresa-contribuinte que sofre o arbitramento, etc.).
> O arbitramento é remédio que viabiliza o lançamento, em face da imprestabilidade dos documentos e dados fornecidos

---

[250] XAVIER, Alberto. *Do lançamento*, 1998, op. cit., p. 133-134, grifos nossos.

pelo próprio contribuinte ou por terceiro legalmente obrigado a informar. Não é critério alternativo de presunção de fatos jurídicos ou de bases de cálculo, que possa ser utilizado quando o contribuinte mantém escrita regular e é correto em suas informações. Ao contrário. A Constituição Federal, no art. 145, § 1º, obriga à tributação de acordo com a capacidade econômica do sujeito passivo, segundo o princípio da realidade. A presunção ou a ficção jurídicas são excepcionais e dependem de lei expressa para serem autorizadas (e, mesmo assim, não podem contrariar o princípio da capacidade econômica).[251]

Segundo Cláudio Carneiro, pode-se concluir que o lançamento por arbitramento possui algumas características próprias:

a) será residual, pois somente será realizado quando a Fazenda não puder apurar o valor do tributo, como, por exemplo, na ausência de escrituração contábil ou se as informações prestadas pelo contribuinte não forem idôneas, cabendo à Fazenda, nesse caso, o ônus da prova quanto a essa alegação; b) a presunção é sempre relativa, pois pode ser afastada mediante prova produzida pelo sujeito passivo; c) observância do princípio da legalidade, ou seja, há a obrigatoriedade de lei do ente federativo autorizando o arbitramento, bem como a regulamentação da forma como será feito; d) observância do devido processo legal, ou seja, um processo regularmente instaurado, assegurando o contraditório e a ampla defesa, acolhendo, quando indispensáveis, os requerimentos de perícias etc.;

---

[251] DERZI, Misabel Abreu Machado. Notas de atualização ao art. 148. In: BALEEIRO, Aliomar. *Direito tributário brasileiro.* 11. ed. atual. Misabel Abreu Machado Derzi. Rio de Janeiro: Forense, 2003g. p. 819.

e) observância, pela lei que prevê o arbitramento, de critérios técnicos com base no princípio da razoabilidade, como, por exemplo, os limites dos valores a serem arbitrados.[252]

Nesse contexto, vale mencionar a jurisprudência do Superior Tribunal de Justiça, que já teve a oportunidade de analisar os limites nos quais o arbitramento pode ser realizado, ressaltando a importância de, em todo caso, respeitar-se o princípio da verdade material e os demais direitos fundamentais relacionados ao processo (contraditório e ampla defesa).

TRIBUTÁRIO. CRÉDITO PREVIDENCIÁRIO. AFERIÇÃO INDIRETA. ART. 33, § 6º, DA LEI N. 8.212/91. MEDIDA EXCEPCIONAL. CONTESTAÇÃO AO LANÇAMENTO TRIBUTÁRIO. POSSIBILIDADE. PRINCÍPIO DA VERDADE REAL. PRECEDENTES.

1. *A apuração indireta do tributo prevista no art. 33, § 6º, da Lei n. 8.212/91 guarda simetria com a previsão do lançamento por arbitramento do art. 148 do CTN, bem como de outros normativos existentes no campo tributário, e representa forma de constituição do crédito tributário, revestindo-se de excepcionalidade a ser aplicada quando verificada a absoluta ausência ou imprestabilidade da documentação contábil e fiscal da empresa, constituindo irregularidade insanável.*

2. *A aferição indireta perpetrada pela autoridade tributária não obsta o direito do contribuinte de, em observância aos princípios do contraditório e da ampla defesa, ilidir a presunção de legitimidade dos atos fiscais na constituição por arbitramento, pois somente a irregularidade insanável, entendida como aquela que inviabiliza no todo a apuração do tributo, justifica a constituição do crédito nesta modalidade.*

---

[252] CARNEIRO, Cláudio. *Curso de direito tributário e financeiro*, 2013, op. cit., p. 639-640.

3. O art. 33, § 6º, da Lei n. 8.212/91 bem como o art. 148 do CTN representam a concretização normativa do princípio da verdade real em matéria tributária, dando azo para que a empresa contribuinte, rendendo homenagem ao citado princípio, possa contestar o lançamento tributário na via administrativa ou judicial.
4. Precedentes: REsp 1.201.723/RJ, Rel. Ministro Mauro Campbell Marques, Segunda Turma, julgado em 14.9.2010, DJe 6.10.2010; REsp 830.837/MS, Rel. Ministro Mauro Campbell Marques, Segunda Turma, julgado em 1º.6.2010, DJe 23.6.2010; REsp 901.311/RJ, Rel. p/ acórdão Ministro Luiz Fux, Primeira Turma, julgado em 18.12.2007, DJe 6.3.2008; REsp 549.921/CE, Rel. Ministro Teori Albino Zavascki, Primeira Turma, julgado em 21.6.2007, DJ 1.10.2007, p. 212.
5. Com efeito, a premissa jurídica firmada no acórdão dos embargos infringentes no sentido de que "a correção das irregularidades contábeis após a fiscalização não tem o condão de invalidar a aferição indireta dos tributos devidos" se contrapõe ao entendimento colacionado nos precedentes desta Corte, negando ao contribuinte a faculdade de fazer prova apta a infirmar as presunções que servira de base de cálculo do imposto. Recurso especial provido.[253]

PROCESSUAL CIVIL. TRIBUTÁRIO. ALÍNEA "C". DISSÍDIO NÃO COMPROVADO. VIOLAÇÃO DO ART. 535 DO CPC. NÃO OCORRÊNCIA. AUTO DE INFRAÇÃO. TRIBUTAÇÃO PELO LUCRO REAL. PEDIDO DE TRIBUTAÇÃO PELO LUCRO ARBITRADO. IMPOSSIBILIDADE. REVISÃO DE PRESSUPOSTOS FÁTICOS. SÚMULA N. 7/STJ. EMBARGOS

---

[253] BRASIL. Superior Tribunal de Justiça. REsp nº 1.377.943/AL. Relator: ministro Humberto Martins. Segunda Turma. Julgamento em 19 de setembro de 2013. *DJe*, 30 set. 2013, grifo nosso.

MANIFESTAMENTE PROTELATÓRIOS. MULTA. ART. 538, PARÁGRAFO ÚNICO, DO CPC.
[...]
3. O art. 399, do RIR/80 (art. 7º, do Decreto-Lei n. 1.648/78) labuta a favor da Fazenda Pública, ao permitir a ela efetuar a lavratura de auto de infração mediante arbitramento do lucro (lucro arbitrado), nas situações em que o contribuinte não disponibilizar os dados suficientes para aproximar-se do lucro real. Trata-se de medida extrema a ser utilizada em prol da fiscalização somente quando não for possível a apuração do lucro real. Caso os documentos colhidos pela fiscalização sejam suficientes para a verificação do lucro real, é com base neste que deverá ser efetuada a autuação, tendo em vista o princípio da verdade real na tributação.
4. A verificação da suficiência dos documentos ou não fica a cargo da Administração Tributária, podendo ser controlada pelo Poder Judiciário, não se tratando de faculdade do contribuinte optar por ser tributado pelo lucro arbitrado quando verificar que nesta modalidade o crédito tributário será menor. O contribuinte que não mantém ou não apresenta ao Fisco escrita fiscal adequada não pode beneficiar-se de sua própria torpeza.
5. Caso em que foi fixado pelo Tribunal de Origem, através de perícia, que havia documentos suficientes para a feitura do lançamento com base no lucro real, incidência da Súmula n. 7/STJ: "A pretensão de simples reexame de prova não enseja recurso especial".
6. Não viola o art. 538, parágrafo único, do CPC, o acórdão que aplica multa aos embargos de declaração protelatórios.
7. Recurso especial parcialmente conhecido e, nessa parte, não provido.[254]

---

[254] BRASIL. Superior Tribunal de Justiça. REsp nº 1.089.482/DF. Relator ministro Mauro Campbell Marques. Segunda Turma. Julgamento em 16 de dezembro de 2010. *DJe*, 10 fev. 2011, grifo nosso.

PROCESSUAL. TRIBUTÁRIO. RECURSO ESPECIAL. AUSÊNCIA DE VIOLAÇÃO AOS ARTS. 131 e 535, I, DO CPC. ICMS. CONTESTAÇÃO DO LANÇAMENTO POR ARBITRAMENTO. ART. 148, DO CTN. PERÍCIA JUDICIAL. SÚMULA 7/STJ E PRINCÍPIO DA VERDADE REAL. VIOLAÇÃO AOS ARTS. 420 E SEGUINTES DO CPC. IMPOSSIBILIDADE DE EXAME. SÚMULA 284/STF. PRESENÇA DE VIOLAÇÃO AO ART. 538, PARÁGRAFO ÚNICO, DO CPC. SÚMULA 98/STJ.
[...]
4. *Muito embora seja possível à Administração Tributária produzir lançamento por arbitramento, na forma do art. 148, do CTN, não se pode olvidar que esse lançamento pode ser contestado por avaliação administrativa ou judicial, desse modo, fundamentado o acórdão recorrido em perícia judicial realizada, os limites do conhecimento do recurso especial ditados pela Súmula 7/STJ e pelo princípio da verdade real afastam a exigência de tributo de forma dissonante da realidade da produção da empresa.*
5. Inaplicável a multa prevista no parágrafo único do art. 538, do CPC, por força da Súmula n. 98/STJ: "Embargos de declaração manifestados com notório propósito de pré-questionamento não têm caráter protelatório".
6. Recurso especial parcialmente conhecido e, nessa parte, provido.[255]

TRIBUTÁRIO E PROCESSUAL CIVIL – RECURSO ESPECIAL. IMPOSTO DE RENDA DE PESSOA JURÍDICA. AÇÃO ANULATÓRIA DE DÉBITO. ISENÇÃO FISCAL. DEDUÇÃO DE PARCELAS NÃO ABRANGIDAS. ESCRITURAÇÃO IDÔNEA. LANÇAMENTO POR ARBITRAMENTO (ARTIGOS 399, IV, E 400, § 6º, DO RIR/80). INVIABILIDADE.

---

[255] BRASIL. Superior Tribunal de Justiça. REsp nº 830.837/MS. Relator: ministro Mauro Campbell Marques. Segunda Turma. Julgamento em 1º de junho de 2010. *DJe*, 23 jun. 2010, grifo nosso.

[...]
4. A apuração do lucro da pessoa jurídica por arbitramento se justifica quando *"a escrituração mantida pelo contribuinte contiver vícios, erros ou deficiências que a tornem imprestável para determinar o lucro real ou presumido, ou revelar evidentes indícios de fraude (art. 399, IV do RIR/80 – Decreto 85.450/80). Todavia, se o contribuinte mantém regular escrituração da receita bruta efetivamente verificada, é com base nela, e não por arbitramento, que o tributo deve ser lançado (art. 400, caput, do RIR/80). Também em matéria tributária deve-se observar, sempre que possível, o princípio da verdade real, inquestionavelmente consagrado em nosso sistema normativo (CTN, art. 148; Súmula 76/TFR).*
5. Recurso especial parcialmente conhecido e, nessa parte, improvido.[256]

Lançamento por homologação

Atualmente, o lançamento por homologação é a modalidade de lançamento mais utilizada pelo ordenamento jurídico-tributário brasileiro. A razão para isso é singela: transfere-se a iniciativa da apuração e cálculo do tributo devido da administração fiscal para o sujeito passivo, permitindo à primeira racionalizar custos e organizar sua atividade de forma mais eficiente.

O lançamento por homologação encontra-se previsto no art. 150 do CTN:

> Art. 150. O lançamento por homologação, que ocorre quanto aos tributos cuja legislação atribua ao sujeito passivo o dever de antecipar o pagamento sem prévio exame da autoridade

---
[256] BRASIL. Superior Tribunal de Justiça. REsp nº 549.921/CE. Relator: ministro Teori Albino Zavascki. Primeira Turma. Julgamento em 21 de junho de 2007. *DJ*, 1º out. 2007, grifo nosso.

administrativa, opera-se pelo ato em que a referida autoridade, tomando conhecimento da atividade assim exercida pelo obrigado, expressamente a homologa.

§ 1º. O pagamento antecipado pelo obrigado nos termos deste artigo extingue o crédito, sob condição resolutória da ulterior homologação ao lançamento.

§ 2º. Não influem sobre a obrigação tributária quaisquer atos anteriores à homologação, praticados pelo sujeito passivo ou por terceiro, visando à extinção total ou parcial do crédito.

§ 3º. Os atos a que se refere o parágrafo anterior serão, porém, considerados na apuração do saldo porventura devido e, sendo o caso, na imposição de penalidade, ou sua graduação.

§ 4º. Se a lei não fixar prazo a homologação, será ele de cinco anos, a contar da ocorrência do fato gerador; expirado esse prazo sem que a Fazenda Pública se tenha pronunciado, considera-se homologado o lançamento e definitivamente extinto o crédito, salvo se comprovada a ocorrência de dolo, fraude ou simulação.

A maior parte dos tributos está sujeita ao lançamento por homologação, por exemplo, o imposto sobre a renda da pessoa jurídica e da pessoa física (IRPJ e IRPF), o imposto sobre a circulação de mercadorias e prestações de serviços de transporte interestadual e intermunicipal e de comunicação (ICMS), o imposto sobre produtos industrializados (IPI), entre outros.

Misabel Abreu Machado Derzi explicita a preferência do legislador em utilizar-se de tal tipo de lançamento:

> Os tributos lançados por meio de homologação tácita ou expressa são cada vez mais numerosos. A preferência do legislador por essa modalidade de procedimento, em que se transferem ao contribuinte as funções de apurar e antecipar o montante devido, antes de qualquer manifestação por parte da Fazenda Pública, mais frequente em toda a parte, levou alguns juristas,

como Ferreiro Lapatza, a denunciar uma espécie de "privatização da gestão tributária". Privatização, pois, que o contribuinte não se limita a fornecer dados e fatos relevantes, por meio de uma declaração como ocorre no procedimento previsto no art. 147, em que a Fazenda Pública, com base nos dados fornecidos, efetivamente lançará o tributo, dele notificando o sujeito passivo. O lançamento por homologação se distingue dos demais em razão de o contribuinte ter o dever de levantar os fatos realizados, de quantificar o tributo e recolhê-lo aos cofres públicos no montante devido, no tempo e forma previstos em lei, sem aguardar qualquer exame prévio da Administração Fazendária. E os eventuais erros cometidos pelo sujeito passivo, posteriormente descobertos pelo Fisco, configuram descumprimento da obrigação, sendo sancionáveis na forma da lei.

Muitas são as razões, de ordem econômica, política ou jurídica, justificadoras do fenômeno, como o despreparo do aparato administrativo de cobrança, o seu elevado custo, a impossibilidade de se conhecerem os dados próprios do contribuinte, a agilização na arrecadação dos tributos, a proteção da intimidade, etc. [257]

Assim, vê-se que a tendência administrativa moderna é repassar ao sujeito passivo o ônus da efetivação do lançamento, deixando para a administração tributária apenas a tarefa de homologar ou não a atividade de apuração realizada pelo contribuinte. Nesse contexto, percebe-se que o lançamento por homologação é a modalidade de lançamento que tem a maior participação do sujeito passivo.

Normalmente, questiona-se por que o lançamento por homologação tem essa denominação legal, já que são transmitidas verdadeiras declarações para o fisco. Explica-se.

---

[257] DERZI, Misabel Abreu Machado. Notas de atualização ao art. 150. In: BALEEIRO, Aliomar. *Direito tributário brasileiro*. 11. ed. atual. Misabel Abreu Machado Derzi. Rio de Janeiro: Forense, 2003h. p. 833, grifo nosso.

Enquanto no lançamento por declaração o sujeito passivo apenas tem o dever de informar à autoridade lançadora as minúcias relativas à ocorrência do fato gerador, no lançamento por homologação o sujeito passivo verdadeiramente antecipa a atividade da administração tributária, apurando e calculando o montante devido e realizando o pagamento antecipado, na forma da legislação aplicável.

Dessa forma, cabe à Fazenda Pública apenas a homologação da mencionada atividade antecipada realizada pelo sujeito passivo, reservando-lhe o direito de lançar eventuais diferenças verificadas por conta de erros eventualmente cometidos na antecipação (art. 149 do CTN).

Outro ponto polêmico que tangencia esse assunto é saber o que, exatamente, a administração tributária homologa, se a atividade de apuração realizada pelo sujeito passivo ou se o montante que este recolhe antecipadamente.

Sobre tal discussão, a doutrina diverge. Hugo de Brito Machado, por exemplo, entende que o que é homologado pelo fisco é a apuração do montante devido de tributo a recolher: "Objeto da homologação não é o pagamento, como alguns têm afirmado. É a apuração do montante devido, de sorte que é possível a homologação mesmo que não tenha havido pagamento".[258]

Por outro lado, Sacha Calmon Navarro Coêlho assevera que o objeto da homologação é o pagamento antecipado pelo sujeito passivo:

> É tudo muito óbvio. São modos de garantir os dizeres do *caput*, *que considera lançamento a homologação do pagamento*, equiparação já criticada linhas atrás, com a transcrição da contundente contradita de Paulo de Barros Carvalho. Ora, lançamento é ato

---

[258] MACHADO, Hugo de Brito. *Curso de direito tributário*, 2009, op. cit., p. 177.

pleno de conteúdo. *A homologação é mera acordância relativa a ato de terceiro, no caso o contribuinte, de natureza satisfativa, i.e., pagamento.* Por isso, o § 1º diz que o pagamento "extingue" o crédito, mas sob "condição resolutória" de ulterior "homologação do lançamento". Que lançamento? *O que a Fazenda homologa é o pagamento.* Esta homologação equivaleria a um lançamento, segundo o dizer do CTN.[259]

Uma questão que se coloca com relação ao presente tipo de lançamento é saber se este consiste em atividade realizada pela administração ou pelo próprio sujeito passivo, já que alguns autores denominam o lançamento por homologação como "autolançamento".

Nesse ponto, José Souto Maior Borges esclarece que, no ordenamento jurídico-tributário brasileiro, não haveria cabimento para o mencionado instituto, em razão do disposto no art. 142 do CTN:

> Como visto, o termo "autolançamento" geralmente significa que, na sua ocorrência, a subsunção do comportamento humano à norma tributária material é feita pelo próprio sujeito passivo, em contraposição ao lançamento de ofício ou por declaração. O conceito de autolançamento se contraporia então ao de lançamento de ofício, praticado pela autoridade administrativa (CTN, art. 149) e ao de lançamento "misto", por declaração do sujeito passivo (CTN, art. 147, *caput*).
>
> *No direito positivo brasileiro entretanto essa distinção carece de qualquer significado e aplicabilidade, dado que o lançamento, em qualquer hipótese, é sempre de competência privativa da autoridade administrativa (art. 142, caput). Por isso mesmo, o CTN repudiou*

---

[259] COÊLHO, Sacha Calmon Navarro. *Curso de direito tributário brasileiro*, 2006, op. cit., p. 774, grifos nossos.

o termo "autolançamento", substituindo-o pelo "lançamento por homologação" (art. 150, caput).

Pode-se, nada obstante, sustentar que, mesmo nos casos de lançamento por homologação, o que se homologa é o lançamento praticado pelo contribuinte. Se a autoridade administrativa homologa, ou seja, ratifica e convalida o lançamento, este teria sido praticado pelo sujeito passivo. Seria, portanto, um "autolançamento", no sentido que a doutrina tradicionalmente empresta à palavra. O argumento, contudo, envolve claramente uma petição de princípio porque dá como demonstrado que a homologação pela autoridade administrativa é de um ato de "lançamento" ou de "pré-lançamento", o que é precisamente posto em discussão. Ora, não é possível fugir ao dilema colocado em face da disciplina da matéria pelo CTN: ou o lançamento é ato privativo da autoridade administrativa (CTN, art. 142, *caput*), e nesse caso o que se homologa não é um prévio ato de lançamento, mas a atividade do sujeito passivo adentrada no procedimento de lançamento tendente ao ato de lançamento (homologação), ou o lançamento pode ser praticado pelo particular, nos casos de autolançamento e, então, ele não será mais privativo da autoridade administrativa, contrariamente a dispositivo expresso do CTN. *Como o conceito de lançamento é construído pelo direito positivo, temos que o "autolançamento" está erradicado do direito brasileiro. O que se homologa, nas hipóteses de lançamento por homologação, não é ato de lançamento, mas pura e simplesmente a "atividade" do sujeito passivo, tendente à satisfação do crédito tributário.*[260]

Corroborando as afirmações acima, está o posicionamento de Luciano Amaro:

---

[260] BORGES, José Souto Maior. *Tratado de direito tributário brasileiro*, 1981, op. cit., p. 430-432, grifos nossos.

Diante das premissas que havia fixado (quais sejam: a de que o lançamento é sempre necessário, e a de que lançamento é atividade privativa da autoridade administrativa), o Código Tributário Nacional teve de construir, com enorme dose de artificialismo, a ideia do lançamento por homologação.

Cuida-se aqui de tributos que por sua natureza (multiplicidade de fatos geradores, de caráter instantâneo, como, tipicamente, se dá com os chamados tributos indiretos e com os tributos sujeitos a retenção na fonte), têm o recolhimento exigido do devedor independente de prévia manifestação do sujeito ativo, vale dizer, sem que o sujeito ativo deva lançar para tornar exigível a prestação tributária. Já que o Código Tributário Nacional não quis falar em "autolançamento" (expressão de resto imprópria, como anteriormente sublinhamos), teria sido melhor dizer que, nessas hipóteses, o lançamento é desnecessário, ou melhor, o lançamento só se faria necessário se o sujeito passivo se omitisse no seu dever legal de recolher corretamente o valor legalmente exigido.[261]

Com efeito, faz-se necessário citar a jurisprudência do Superior Tribunal de Justiça, para quem é possível que haja a constituição do crédito tributário sem lançamento, ou seja, com a simples apuração e consequente declaração do contribuinte acerca do montante devido.

> TRIBUTÁRIO. AGRAVO REGIMENTAL NO AGRAVO EM RECURSO ESPECIAL. ICMS. TRIBUTO SUJEITO A LANÇAMENTO POR HOMOLOGAÇÃO. PRAZO PRESCRICIONAL. DECLARAÇÃO DO CONTRIBUINTE OU VENCIMENTO DA OBRIGAÇÃO. AGRAVO NÃO PROVIDO.

---

[261] AMARO, Luciano. *Direito tributário brasileiro*, 2007, op. cit., p. 362-363.

1. Em se tratando de tributo sujeito a lançamento por homologação declarado e não pago, o Fisco dispõe de cinco anos para a cobrança do crédito, contados do dia seguinte ao vencimento da exação ou da entrega da declaração pelo contribuinte, o que for posterior. Só a partir desse momento, o crédito torna-se constituído e exigível pela Fazenda pública.
2. Agravo regimental não provido.[262]

PROCESSUAL CIVIL. TRIBUTÁRIO. RECURSO REPRESENTATIVO DA CONTROVÉRSIA. ART. 543-C, DO CPC. CONFISSÃO DE DÉBITOS TRIBUTÁRIOS PARA EFEITO DE PARCELAMENTO APRESENTADA APÓS O PRAZO PREVISTO NO ART. 173, I, DO CTN. OCORRÊNCIA DE DECADÊNCIA. IMPOSSIBILIDADE DE CONSTITUIÇÃO DO CRÉDITO TRIBUTÁRIO.
1. Não cumpre ao Superior Tribunal de Justiça analisar a existência de "jurisprudência dominante do respectivo tribunal" para fins da correta aplicação do art. 557, *caput*, do CPC, pela Corte de Origem, por se tratar de matéria de fato, obstada em sede especial pela Súmula n. 7/STJ: "A pretensão de simples reexame de prova não enseja recurso especial".
2. É pacífica a jurisprudência deste Superior Tribunal de Justiça no sentido de que o julgamento pelo órgão colegiado via agravo regimental convalida eventual ofensa ao art. 557, *caput*, do CPC, perpetrada na decisão monocrática. Precedentes de todas as Turmas: AgRg no AREsp 176890/PE, Primeira Turma, Rel. Min. Benedito Gonçalves, julgado em 18.09.2012; AgRg no REsp 1348093/RS, Segunda Turma, Rel. Min. Mauro Campbell Marques, julgado em 19.02.2013; AgRg no AREsp 266768/RJ,

---

[262] BRASIL. Superior Tribunal de Justiça. AgRg no AREsp nº 302.363/SE. Agravo Regimental no Agravo em Recurso Especial. Relator: ministro Arnaldo Esteves Lima. Primeira Turma. Julgamento em 5 de novembro de 2013. DJe, 13 nov. 2013, grifo nosso.

Terceira Turma, Rel. Min. Sidnei Beneti, julgado em 26.02.2013; AgRg no AREsp 72467/SP, Quarta Turma, Rel. Min. Marco Buzzi, julgado em 23.10.2012; AgRg no RMS 33480/PR, Quinta Turma, Rel. Min. Adilson Vieira Macabu, Des. conv., julgado em 27.03.2012; AgRg no REsp 1244345/RJ, Sexta Turma, Rel. Min. Sebastião Reis Júnior, julgado em 13.11.2012.
3. *A decadência, consoante a letra do art. 156, V, do CTN, é forma de extinção do crédito tributário. Sendo assim, uma vez extinto o direito, não pode ser reavivado por qualquer sistemática de lançamento ou autolançamento, seja ela via documento de confissão de dívida, declaração de débitos, parcelamento ou de outra espécie qualquer (DCTF, GIA, DCOMP, GFIP, etc.).*
4. No caso concreto o documento de confissão de dívida para ingresso do Parcelamento Especial (Paes – Lei n. 10.684/2003) foi firmado em 22.07.2003, não havendo notícia nos autos de que tenham sido constituídos os créditos tributários em momento anterior. Desse modo, restam decaídos os créditos tributários correspondentes aos fatos geradores ocorridos nos anos de 1997 e anteriores, consoante a aplicação do art. 173, I, do CTN.
5. Recurso especial parcialmente conhecido e nessa parte não provido. Acórdão submetido ao regime do art. 543-C, do CPC, e da Resolução STJ n. 8/2008.[263]

PROCESSUAL CIVIL E TRIBUTÁRIO. AGRAVO REGIMENTAL. EXECUÇÃO FISCAL. ICMS. CRÉDITO TRIBUTÁRIO CONSTITUÍDO POR ATO DE FORMALIZAÇÃO PRATICADO PELO CONTRIBUINTE. DCTF. PRAZO PRESCRICIONAL. CONTAGEM. TERMO INICIAL. VENCIMENTO DA OBRIGA-

---

[263] BRASIL. Superior Tribunal de Justiça. REsp nº 1.355.947/SP. Relator: ministro Mauro Campbell Marques. Primeira Seção. Julgamento em 12 de junho de 2013. *DJe*, 21 jun. 2013, grifos nossos.

ÇÃO TRIBUTÁRIA. ENTENDIMENTO PACIFICADO NO STJ PELA SISTEMÁTICA DOS RECURSOS REPETITIVOS.

1. *Com a entrega da Declaração, seja DCTF, GIA, ou outra dessa natureza, tem-se constituído e reconhecido o crédito tributário, sendo dispensada qualquer outra providência por parte da Fazenda. A partir desse momento, inicia-se o cômputo da prescrição quinquenal em conformidade com o art. 174 do Código Tributário Nacional.*
2. Na hipótese dos autos, consoante consignou a decisão ora agravada "o débito foi declarado em 9/8/1999, por meio da GIA – Guia de Informação e Apuração do ICMS –, com vencimento em 20/8/1999 (fl.79) e não foi pago. No entanto, a ação foi ajuizada em 18/8/2008, quando já transcorrido o prazo prescricional quinquenal". Precedente: Acórdão submetido ao regime do artigo 543-C, do CPC, e da Resolução STJ 08/2008 – REsp 1.120.295/SP, Rel. Min. Luiz Fux, Primeira Seção, DJe 21.5.2010).
3. Agravo regimental não provido.[264]

TRIBUTÁRIO. PROCESSUAL CIVIL. AUSÊNCIA DE VIOLAÇÃO DO ART. 535 DO CPC. APLICAÇÃO DO ART. 557 DO CPC. POSSIBILIDADE. CRÉDITO CONSTITUÍDO MEDIANTE DECLARAÇÃO DO CONTRIBUINTE. DESNECESSIDADE DE NOVO PROCEDIMENTO ADMINISTRATIVO PARA COBRANÇA DE MULTA MORATÓRIA.

[...] 3. *No caso dos tributos sujeitos a lançamento por homologação, a declaração do débito feita sem o respectivo pagamento tem o condão de constituir o crédito tributário e todos os seus consectários, sem a necessidade de procedimento administrativo para a cobrança da multa moratória.* Precedente: AgRg no REsp

---

[264] BRASIL. Superior Tribunal de Justiça. AgRg no REsp nº 1.316.115/MA. Relator: ministro Castro Meira. Segunda Turma. Julgamento em 11 de junho de 2013. *DJe*, 18 jun. 2013, grifo nosso.

989.647/SP, Rel. Min. Mauro Campbell Marques, Segunda Turma, julgado em 4.6.2009, DJe 23.6.2009. Agravo regimental improvido.[265]

TRIBUTÁRIO. RECURSO ESPECIAL. EXECUÇÃO FISCAL. TRIBUTO DECLARADO PELO CONTRIBUINTE. CONSTITUIÇÃO DO CRÉDITO TRIBUTÁRIO. PROCEDIMENTO ADMINISTRATIVO. DISPENSA. RESPONSABILIDADE DO SÓCIO. TRIBUTO NÃO PAGO PELA SOCIEDADE.
1. A jurisprudência desta Corte, reafirmada pela Seção inclusive em julgamento pelo regime do art. 543-C do CPC, é no sentido de que *"a apresentação de Declaração de Débitos e Créditos Tributários Federais – DCTF, de Guia de Informação e Apuração do ICMS – GIA, ou de outra declaração dessa natureza, prevista em lei, é modo de constituição do crédito tributário, dispensando, para isso, qualquer outra providência por parte do Fisco"* (REsp 962.379, 1ª Seção, DJ de 28.10.08). [...]
3. Recurso especial parcialmente conhecido e, nessa parte, parcialmente provido. Acórdão sujeito ao regime do art. 543-C do CPC e da Resolução STJ 08/08.[266]

Esse entendimento foi objeto da Súmula STJ nº 436: "A entrega de declaração pelo contribuinte reconhecendo débito fiscal constitui o crédito tributário, dispensada qualquer outra providência por parte do Fisco". Vale ressaltar que a referida posição influencia outras questões relativas à administração tributária, como a possibilidade de expedição de certidões de

---

[265] BRASIL. Superior Tribunal de Justiça. AgRg no REsp nº 1.251.419/RJ. Relator: ministro Humberto Martins. Segunda Turma. Julgamento em 1º de setembro de 2011. *DJe*, 9 set. 2011, grifo nosso.
[266] BRASIL. Superior Tribunal de Justiça. REsp nº 1.101.728/SP. Relator: ministro Teori Albino Zavascki. Primeira Seção. Julgamento em 11 de março de 2009. *DJe*, 23 mar. 2009, grifo nosso.

regularidade fiscal em nome do sujeito passivo que tenha declarado débitos, mas não os tenha pagado:

> TRIBUTÁRIO. RECURSO ESPECIAL REPRESENTATIVO DE CONTROVÉRSIA. ART. 543-C, DO CPC. TRIBUTO SUJEITO A LANÇAMENTO POR HOMOLOGAÇÃO, DECLARADO E NÃO PAGO PELO CONTRIBUINTE. NASCIMENTO DO CRÉDITO TRIBUTÁRIO. CERTIDÃO POSITIVA COM EFEITOS DE NEGATIVA DE DÉBITO. IMPOSSIBILIDADE.
>
> 1. A entrega da Declaração de Débitos e Créditos Tributários Federais – DCTF – constitui o crédito tributário, dispensando a Fazenda Pública de qualquer outra providência, habilitando-a a ajuizar a execução fiscal.
>
> 2. Consequentemente, nos tributos sujeitos a lançamento por homologação, o crédito tributário nasce, por força de lei, com o fato gerador, e sua exigibilidade não se condiciona a ato prévio levado a efeito pela autoridade fazendária, perfazendo-se com a mera declaração efetuada pelo contribuinte, razão pela qual, em caso do não pagamento do tributo declarado, afigura-se legítima a recusa de expedição da Certidão Negativa ou Positiva com Efeitos de Negativa. (Precedentes: AgRg no REsp 1070969/SP, Rel. Ministro BENEDITO GONÇALVES, PRIMEIRA TURMA, julgado em 12/05/2009, DJe 25/05/2009; REsp 1131051/SP, Rel. Ministra ELIANA CALMON, SEGUNDA TURMA, julgado em 06/10/2009, DJe 19/10/2009; AgRg no Ag 937.706/MG, Rel. Ministro HERMAN BENJAMIN, SEGUNDA TURMA, julgado em 06/03/2008, DJe 04/03/2009; REsp 1050947/MG, Rel. Ministro CASTRO MEIRA, SEGUNDA TURMA, julgado em 13/05/2008, DJe 21/05/2008; REsp 603.448/PE, Rel.Ministro JOÃO OTÁVIO DE NORONHA, SEGUNDA TURMA, julgado em 07/11/2006, DJ 04/12/2006; REsp 651.985/RS, Rel. Ministro LUIZ FUX, PRIMEIRA TURMA, julgado em 19/04/2005, DJ 16/05/2005).

3. Ao revés, declarado o débito e efetuado o pagamento, ainda que a menor, não se afigura legítima a recusa de expedição de CND antes da apuração prévia, pela autoridade fazendária, do montante a ser recolhido. Isto porque, conforme dispõe a legislação tributária, o valor remanescente, não declarado nem pago pelo contribuinte, deve ser objeto de lançamento supletivo de ofício.
4. Outrossim, quando suspensa a exigibilidade do crédito tributário, em razão da pendência de recurso administrativo contestando os débitos lançados, também não resta caracterizada causa impeditiva à emissão da Certidão de Regularidade Fiscal, porquanto somente quando do exaurimento da instância administrativa é que se configura a constituição definitiva do crédito fiscal.
5. *In casu*, em que apresentada a DCTF ao Fisco, por parte do contribuinte, confessando a existência de débito, e não tendo sido efetuado o correspondente pagamento, interdita-se legitimamente a expedição da Certidão pleiteada. Sob esse enfoque, correto o voto condutor do acórdão recorrido, *in verbis*: "No caso dos autos, há referências de que existem créditos tributários impagos a justificar a negativa da Certidão (fls. 329/376). O débito decorreria de diferenças apontadas entre os valores declarados pela impetrante na DCTF e os valores por ela recolhidos, justificando, portanto, a recusa da Fazenda em expedir a CND."
6. Recurso Especial desprovido. Acórdão submetido ao regime do art. 543-C do CPC e da Resolução STJ 08/2008.[267]

Declarado e não pago o débito tributário pelo contribuinte, é legítima a recusa de expedição de certidão negativa ou positiva com efeito de negativa.[268]

---

[267] BRASIL. Superior Tribunal de Justiça. REsp nº 1.123.557/RS. Relator: ministro Luiz Fux. Primeira Seção. Julgamento em 25 de novembro de 2009. *DJe*, 18 dez. 2009.
[268] BRASIL. Superior Tribunal de Justiça. Súmula nº 446. Primeira Seção. Julgamento em 28 de abril de 2010. *DJe*, 13 maio 2010.

Outro efeito do referido entendimento é o de que não se aplica o benefício da denúncia espontânea (art. 138, CTN) nos casos em que tenha havido a entrega de declaração desacompanhada do tributo devido, já que tal declaração é suficiente à constituição do crédito tributário:

> PROCESSUAL CIVIL E TRIBUTÁRIO. AGRAVO REGIMENTAL NO AGRAVO EM RECURSO ESPECIAL. AÇÃO ANULATÓRIA. ICMS. VIOLAÇÃO AO ART. 535. INEXISTÊNCIA DE OMISSÃO, OBSCURIDADE OU CONTRADIÇÃO NO ACÓRDÃO RECORRIDO. TRIBUTO SUJEITO A LANÇAMENTO POR HOMOLOGAÇÃO. *CONSTITUIÇÃO DO CRÉDITO POR ATO DE FORMALIZAÇÃO PRATICADO PELO CONTRIBUINTE. RESP 962.379/RS, REL. MIN. TEORI ALBINO ZAVASCKI, DJE 28.10.2008.* UTILIZAÇÃO DA TAXA SELIC PARA ATUALIZAÇÃO DO CRÉDITO TRIBUTÁRIO. RESP. 879.844/MG, REL. MIN. LUIZ FUX, DJE 25.11.2009. AGRAVO REGIMENTAL DESPROVIDO.
>
> 1. Inexiste violação ao art. 535 do CPC quando o Tribunal aprecia fundamentadamente as questões suscitadas, ainda que de forma contrária ao interesse das partes.
>
> 2. *Nos termos da Súmula 360/STJ, o benefício da denúncia espontânea não se aplica aos tributos sujeitos a lançamento por homologação regularmente declarados, mas pagos a destempo. É que a apresentação de Declaração de Débitos e Créditos Tributários Federais – DCTF, de Guia de Informação e Apuração do ICMS – GIA, ou de outra declaração* dessa natureza, prevista em lei, é modo de constituição do crédito tributário, *dispensando, para isso, qualquer outra providência por parte do Fisco. Se o crédito foi tempestivamente declarado e constituído pelo próprio contribuinte, não se configura a denúncia espontânea, que somente pode ocorrer nos casos de mora, e desde que o sujeito passivo, antes de*

qualquer ação fiscal, comunique à autoridade competente a situação de inadimplência.

3. Esta Corte reconheceu a legalidade da aplicação da Taxa SELIC na correção dos débitos que os contribuintes tenham para com as Fazendas Municipal, Estadual e Federal por ocasião do julgamento do recurso representativo de controvérsia REsp. 879.844/MG, relatado pelo ilustre Ministro LUIZ FUX (Dje 25.11.2009).

4. Agravo Regimental desprovido.[269]

PROCESSUAL CIVIL E TRIBUTÁRIO. EMBARGOS À EXECUÇÃO. INCIDÊNCIA DE JUROS DE MORA SOBRE O VALOR DO TRIBUTO CONVERTIDO EM UFIR. AUSÊNCIA DE PRE-QUESTIONAMENTO. TRIBUTO SUJEITO A LANÇAMENTO POR HOMOLOGAÇÃO. DESNECESSIDADE DE PROCEDIMENTO ADMINISTRATIVO PRÉVIO PARA INSCRIÇÃO EM DÍVIDA ATIVA. DENÚNCIA ESPONTANÊA. SÚMULA 7/STJ. INCIDÊNCIA DA TAXA SELIC. LEGALIDADE. PIS E COFINS. BASE DE CÁLCULO. INCLUSÃO DOS VALORES DEVIDOS A TÍTULO DE ICMS. POSSIBILIDADE. SÚMULAS 68 E 94 DO STJ.

1. É inadmissível o recurso especial quanto à questão não decidida pelo Tribunal de origem, por falta de prequestionamento. Aplicação das Súmulas 282 e 356/STF.

2. *No caso de tributos sujeitos a lançamento por homologação a declaração do contribuinte elide a necessidade da constituição formal do crédito, podendo ser realizada a inscrição em dívida ativa independe de procedimento administrativo. Precedentes.*

3. *Não existe denúncia espontânea quando o pagamento se refere a tributos já noticiados pelo contribuinte, por meio de DCTF, GIA,*

---

[269] BRASIL. Superior Tribunal de Justiça. AgRg no AREsp nº 248.571/SP. Relator: ministro Napoleão Nunes Maia Filho. Primeira Turma. Julgamento em 26 de fevereiro de 2013. *Dje*, 12 mar. 2013, grifos nossos.

ou de outra declaração dessa natureza e pagos a destempo (REsp 962.379/RS, Dje 28.10.2008 e REsp 886.462/RS, Dje 28.10.2008 sob o rito do art. 543-C, do CPC).

4. É legítima a utilização da taxa SELIC como índice de correção monetária e juros de mora dos débitos do contribuinte para com a Fazenda Pública (REsp 879.844/MG, DJe 25.11.2009, julgado sob o rito dos recursos repetitivos).

5. A jurisprudência desta Corte consolidou-se no sentido da possibilidade de os valores devidos a título de ICMS integrarem a base de cálculo do PIS e da COFINS. Entendimento firmado nas Súmulas 68 e 94 do STJ.

6. Recurso especial parcialmente conhecido e não provido.[270]

RECURSO ESPECIAL. TRIBUTO SUJEITO A LANÇAMENTO POR HOMOLOGAÇÃO. DCTF. AUSÊNCIA DE INFORMAÇÃO SOBRE O POSTERIOR PAGAMENTO NO PRAZO. DENÚNCIA ESPONTÂNEA E AFASTAMENTO DA MULTA MORATÓRIA MANTIDOS.

1. *"Apreciando a matéria em recurso sob o regime do art. 543-C do CPC (REsp 886462/RS, Min. Teori Albino Zavascki, DJ de 28/10/2008), a 1ª Seção do STJ reafirmou o entendimento segundo o qual (a) a apresentação de Guia de Informação e Apuração do ICMS – GIA, de Declaração de Débitos e Créditos Tributários Federais – DCTF, ou de outra declaração dessa natureza, prevista em lei, é modo de constituição do crédito tributário, dispensando, para isso, qualquer outra providência por parte do Fisco, e (b) se o crédito foi assim previamente declarado e constituído pelo contribuinte, não configura denúncia espontânea (art. 138 do CTN) o seu posterior recolhimento fora do prazo estabelecido, nos termos*

---

[270] BRASIL. Superior Tribunal de Justiça. REsp nº 1.195.286/SP. Relatora: ministra Eliana Calmon. Segunda Turma. Julgamento em 17 de setembro de 2013. DJe, 24 set. 2013, grifo nosso.

da Súmula 360/STJ" (REsp 1.110.550/SP, Primeira Seção, Rel. Ministro Teori Albino Zavascki, DJe de 4.5.2009, acórdão sujeito ao regime do art. 543-C do CPC).

2. Caso em que nem a sentença nem os acórdãos recorridos esclarecem se o tributo, depois de apresentada a DCTF pela empresa contribuinte, foi recolhido tempestivamente ou não, sendo vedado a esta Corte ingressar no reexame da documentação juntada nos autos pela partes com o propósito de esclarecer essa situação (Súmula 7/STJ).

3. A denúncia espontânea implica o afastamento, também, da multa moratória, inexistindo na legislação pertinente qualquer distinção entre o referido encargo e a multa punitiva.

4. Recurso especial conhecido em parte e não provido.[271]

TRIBUTÁRIO. ARTIGO 535. TRIBUTO SUJEITO A LANÇAMENTO POR HOMOLOGAÇÃO. DECLARAÇÃO DO CONTRIBUINTE DESACOMPANHADA DE PAGAMENTO. PRESCRIÇÃO. DENÚNCIA ESPONTÂNEA.

1. Não caracteriza insuficiência de fundamentação a circunstância de o aresto atacado ter solvido a lide contrariamente à pretensão da parte. Ausência de violação ao artigo 535 do CPC.

2. Tratando-se de tributos sujeitos a lançamento por homologação, ocorrendo a declaração do contribuinte desacompanhada do seu pagamento no vencimento, não se aguarda o decurso do prazo decadencial para o lançamento. A declaração do contribuinte elide a necessidade da constituição formal do crédito, podendo este ser imediatamente inscrito em dívida ativa, tornando-se exigível, independentemente de qualquer procedimento administrativo ou de notificação ao contribuinte.

---

[271] BRASIL. Superior Tribunal de Justiça. REsp nº 967.645/PR. Relator: ministro Castro Meira. Segunda Turma. Julgamento em 18 de dezembro de 2012. *DJe*, 8 fev. 2013, grifo nosso.

3. O termo inicial da prescrição, em caso de tributo declarado e não pago, não se inicia da declaração, mas da data estabelecida como vencimento para o pagamento da obrigação tributária declarada.
4. A Primeira Seção pacificou o entendimento no sentido de não admitir o benefício da denúncia espontânea no caso de tributo sujeito a lançamento por homologação quando o contribuinte, declarada a dívida, efetua o pagamento a destempo, à vista ou parceladamente. Precedentes.
5. Não configurado o benefício da denúncia espontânea, é devida a inclusão da multa, que deve incidir sobre os créditos tributários não prescritos.
6. Recurso especial provido em parte.[272]

O benefício da denúncia espontânea não se aplica aos tributos sujeitos a lançamento por homologação regularmente declarados, mas pagos a destempo.[273]

Além disso, o entendimento de que a entrega de declaração desacompanhada do pagamento antecipado do tributo dispensa o lançamento do crédito tributário – por constituir, ela própria, o respectivo crédito tributário – também tem reflexos no que se refere à cobrança judicial desse crédito.

Isso porque, partindo das premissas de que (1) não há necessidade de a Fazenda Pública elaborar o lançamento e (2) a declaração do sujeito passivo consiste em verdadeira confissão de dívida, é possível chegar à conclusão de que, a partir do momento do vencimento do tributo declarado, a Fazenda Pública já pode exercer a pretensão de cobrar judicialmente a referida dívida, valendo tal vencimento, inclusive, como termo inicial da

---

[272] BRASIL. Superior Tribunal de Justiça. REsp nº 850.423/SP Relator: ministro Castro Meira. Primeira Seção. Julgamento em 28 de novembro de 2007. *DJ*, 7 fev. 2008.
[273] BRASIL. Superior Tribunal de Justiça. Súmula nº 360. Primeira Seção. Julgamento em 27 de agosto de 2008. *DJe*, 8 set. 2008.

contagem do prazo prescricional previsto no art. 174 do CTN. Eis a posição do Superior Tribunal de Justiça:

> TRIBUTÁRIO. EXECUÇÃO FISCAL. TRIBUTO SUJEITO A LANÇAMENTO POR HOMOLOGAÇÃO DECLARADO E NÃO PAGO. TERMO INICIAL DA PRESCRIÇÃO. ENTREGA DA DECLARAÇÃO. DECLARAÇÃO RETIFICADORA. INTERRUPÇÃO. INAPLICABILIDADE NA HIPÓTESE.
> 1. A Primeira Seção do STJ, no julgamento do REsp 1.120.295/SP, Rel. Min. Luiz Fux, submetido ao rito dos recursos repetitivos, nos termos do art. 543-C do CPC e da Resolução 8/2008 do STJ, consolidou entendimento segundo o qual a entrega de Declaração de Débitos e Créditos Tributários Federais – DCTF, de Guia de Informação e Apuração do ICMS – GIA, ou de outra declaração dessa natureza prevista em lei (dever instrumental adstrito aos tributos sujeitos a lançamento por homologação), é modo de constituição do crédito tributário.
> 2. *A termo inicial do prazo prescricional para o Fisco exercer a pretensão de cobrança judicial do crédito tributário declarado, mas não pago, é a data da entrega da declaração ou a data do vencimento, o que for posterior, em conformidade com o princípio da Actio Nata.*
> 3. *A entrega de declaração retificadora não tem o condão de, no caso dos autos, interromper o curso do prazo prescricional.*
> 4. *Hipótese em que a declaração retificadora não alterou os valores declarados, tão somente corrigiu equívocos formais da declaração anterior, não havendo que falar em aplicação do art. 174, parágrafo único, IV, do CTN. Não houve o reconhecimento de novo débito tributário. Prescrição caracterizada.*
> Agravo regimental improvido.[274]

---

[274] BRASIL. Superior Tribunal de Justiça. AgRg no REsp nº 1.347.903/SC. Relator: ministro Humberto Martins. Segunda Turma. Julgamento em 28 de maio de 2013. *DJe*, 5 jun. 2013, grifos nossos.

PROCESSUAL CIVIL. RECURSO ESPECIAL REPRESENTATIVO DE CONTROVÉRSIA. ARTIGO 543-C, DO CPC. TRIBUTÁRIO. EXECUÇÃO FISCAL. PRESCRIÇÃO DA PRETENSÃO DE O FISCO COBRAR JUDICIALMENTE O CRÉDITO TRIBUTÁRIO. TRIBUTO SUJEITO A LANÇAMENTO POR HOMOLOGAÇÃO. CRÉDITO TRIBUTÁRIO CONSTITUÍDO POR ATO DE FORMALIZAÇÃO PRATICADO PELO CONTRIBUINTE (*IN CASU*, DECLARAÇÃO DE RENDIMENTOS). PAGAMENTO DO TRIBUTO DECLARADO. INOCORRÊNCIA. TERMO INICIAL. VENCIMENTO DA OBRIGAÇÃO TRIBUTÁRIA DECLARADA. PECULIARIDADE: DECLARAÇÃO DE RENDIMENTOS QUE NÃO PREVÊ DATA POSTERIOR DE VENCIMENTO DA OBRIGAÇÃO PRINCIPAL, UMA VEZ JÁ DECORRIDO O PRAZO PARA PAGAMENTO. CONTAGEM DO PRAZO PRESCRICIONAL A PARTIR DA DATA DA ENTREGA DA DECLARAÇÃO.

1. O prazo prescricional quinquenal para o Fisco exercer a pretensão de cobrança judicial do crédito tributário conta-se da data estipulada como vencimento para o pagamento da obrigação tributária declarada (mediante DCTF, GIA, entre outros), nos casos de tributos sujeitos a lançamento por homologação, em que, não obstante cumprido o dever instrumental de declaração da exação devida, não restou adimplida a obrigação principal (pagamento antecipado), nem sobreveio [sic] quaisquer das causas suspensivas da exigibilidade do crédito ou interruptivas do prazo prescricional (Precedentes da Primeira Seção: EREsp 658.138/PR, Rel. Ministro José Delgado, Rel. p/ Acórdão Ministra Eliana Calmon, julgado em 14.10.2009, DJe 09.11.2009; REsp 850.423/SP, Rel. Ministro Castro Meira, julgado em 28.11.2007, DJ 07.02.2008; e AgRg nos EREsp 638.069/SC, Rel. Ministro Teori Albino Zavascki, julgado em 25.05.2005, DJ 13.06.2005).

[...]
6. Consequentemente, o *dies a quo* do prazo prescricional para o Fisco exercer a pretensão de cobrança judicial do crédito tributário declarado, mas não pago, é a data do vencimento da obrigação tributária expressamente reconhecida.
[...]
16. Destarte, a propositura da ação constitui o *dies ad quem* do prazo prescricional e, simultaneamente, o termo inicial para sua recontagem sujeita às causas interruptivas previstas no artigo 174, parágrafo único, do CTN.
17. Outrossim, é certo que "incumbe à parte promover a citação do réu nos 10 (dez) dias subsequentes ao despacho que a ordenar, não ficando prejudicada pela demora imputável exclusivamente ao serviço judiciário" (artigo 219, § 2º, do CPC).
18. Consequentemente, tendo em vista que o exercício do direito de ação deu-se em 05.03.2002, antes de escoado o lapso quinquenal (30.04.2002), iniciado com a entrega da declaração de rendimentos (30.04.1997), não se revela prescrita a pretensão executiva fiscal, ainda que o despacho inicial e a citação do devedor tenham sobrevindo em junho de 2002.
19. Recurso especial provido, determinando-se o prosseguimento da execução fiscal. Acórdão submetido ao regime do artigo 543-C, do CPC, e da Resolução STJ 08/2008.[275]

Por fim, vale ressaltar que o Superior Tribunal de Justiça também já teve a oportunidade de decidir pela dispensa de qualquer ato do fisco quando o sujeito passivo realiza depósito judicial de tributo sujeito ao lançamento por homologação:

---

[275] BRASIL. Superior Tribunal de Justiça. REsp nº 1.120.295/SP. Relator: ministro Luiz Fux. Primeira Seção. Julgamento em 12 de maio de 2010. *DJe*, 21 maio 2010.

TRIBUTÁRIO E PROCESSUAL CIVIL. IMPOSTO DE RENDA PESSOA JURÍDICA. CORREÇÃO MONETÁRIA DAS DEMONSTRAÇÕES FINANCEIRAS. 1990. PRAZO DECADENCIAL PARA CONSTITUIÇÃO DO CRÉDITO. TERMO INICIAL. DEPÓSITO JUDICIAL. DISPENSA DO ATO FORMAL DE LANÇAMENTO. PRECEDENTES.
1. *O depósito judicial do tributo questionado torna dispensável o ato formal de lançamento por parte do Fisco* (REsp 901052/SP, 1ª S., Min. Castro Meira, DJ de 03.03.2008; EREsp 464343/ DF, 1ª S., Min. José Delgado, DJ 29.10.2007; AgREsp 969579/SP, 2ª T., Min. Castro Meira, DJ 31.10.2007; REsp 757311/SC, 1ª T., Min. Luiz Fux, DJ 18.06.2008).
2. Embargos de divergência a que se dá provimento.[276]

TRIBUTÁRIO. EMBARGOS DE DIVERGÊNCIA. TRIBUTO SUJEITO A LANÇAMENTO POR HOMOLOGAÇÃO. PRAZO DECADENCIAL PARA CONSTITUIÇÃO DO CRÉDITO. DEPÓSITO JUDICIAL. LANÇAMENTO FORMAL PELO FISCO. DESNECESSIDADE. EMBARGOS DE DIVERGÊNCIA PROVIDOS.
1. *No caso de tributos sujeitos a lançamento por homologação, o contribuinte, ao realizar o depósito judicial com vistas à suspensão da exigibilidade do crédito tributário, promove a constituição deste nos moldes do que dispõe o art. 150 e parágrafos do CTN. Isso, porque verifica a ocorrência do fato gerador, calcula o montante devido e, em vez de efetuar o pagamento, deposita a quantia aferida, a fim de impugnar a cobrança da exação. Assim, o crédito tributário é constituído por meio da declaração do sujeito passivo, não havendo falar em decadência do direito do Fisco de lançar,*

---

[276] BRASIL. Superior Tribunal de Justiça. EREsp nº 671.773/RJ. Relator: ministro Teori Albino Zavascki. Primeira Seção. Julgamento em 23 de junho de 2010. *DJe*, 3 nov. 2010, grifo nosso.

caracterizando-se, com a inércia da autoridade fazendária apenas a homologação tácita da apuração anteriormente realizada. Não há, portanto, necessidade de ato formal de lançamento por parte da autoridade administrativa quanto aos valores depositados.
2. Precedentes da Primeira Seção: EREsp 464.343/DF, Rel. Min. José Delgado, DJ de 29.10.2007; EREsp 898.992/PR, Rel. Min. Castro Meira, DJ de 27.8.2007.
3. Embargos de divergência providos.[277]

Questões de automonitoramento

1) Após ler este capítulo, você é capaz de resumir os casos geradores do capítulo 7, identificando as partes envolvidas, os problemas atinentes e as soluções cabíveis?
2) Resuma, em poucas palavras, a diferença entre obrigação e crédito tributários, de acordo com o entendimento da doutrina brasileira e com o CTN.
3) Analise e descreva as modalidades de lançamento, de acordo com a participação/iniciativa do sujeito passivo. Identifique as principais diferenças entre as modalidades de lançamento e as principais polêmicas envolvendo-as.
4) Pense e descreva, mentalmente, alternativas para a solução dos casos geradores do capítulo 7.

---

[277] BRASIL. Superior Tribunal de Justiça. EREsp nº 686.479/RJ. Relatora: ministra Denise Arruda. Primeira Seção. Julgamento em 27 de agosto de 2008. *DJe*, 22 set. 2008, grifo nosso.

7

Sugestões de casos geradores

Normas tributárias: fontes (cap. 1)

A Lei Complementar nº 315/2005, composta de 10 artigos, tratou, nos oito primeiros, da criação de nova contribuição da seguridade social, não expressamente prevista na Constituição e, nos dois últimos, instituiu isenção da contribuição da seguridade social sobre folha de salários em favor de determinadas empresas. Pergunta-se:

1) É necessário e possível que a lei complementar trate dos dois assuntos mencionados?
2) Havendo lei ordinária posterior, poderia esta revogar a Lei Complementar nº 315/2005 no tocante à isenção concedida?

Vigência e aplicação (cap. 2)

A Lei Complementar nº 116/2003 dispõe como regra geral, em seu art. 3º, que o serviço considera-se prestado e o imposto devido ao município do local do estabelecimento prestador. Levando-se em conta somente essa informação e considerando que uma empresa de Blumenau prestou serviço em Chapecó, qual lei municipal seria aplicada nesse caso? Tal aplicação seria possível face às regras acerca da vigência da lei no espaço?

Interpretação e integração (cap. 3)

A Lei Complementar nº 118/2005 alterou o CTN em alguns dispositivos e disciplinou, para fins de interpretação, o art. 168, determinando que a extinção do crédito tributário ocorre quando do pagamento antecipado do tributo. Ressalte-se que a jurisprudência do Superior Tribunal de Justiça era em sentido diverso. Seria essa lei uma lei interpretativa? Ela pode retroagir?

Obrigação tributária (cap. 4)

Caso 1

Uma empresa, para pagar menos tributos, ao invés de vender carros a seus clientes, estabelece um *leasing* pelo prazo de cinco anos, com valor residual para opção de compra sempre igual a R$ 2,50. É possível a Fazenda tratar tal negócio como uma compra e venda e tributá-lo como tal?

Caso 2

Em uma operação plurifásica, a empresa "A", na qualidade de substituto tributário, recolhe ICMS de 20% incidente na etapa em que se encontra a empresa B. Como base para o cálculo do tributo recolhido, a empresa "A" assumiu que o produto seria vendido na etapa final por um preço de R$ 100,00. Entretanto, na prática, o produto foi vendido por um preço de R$ 80,00.

Considerando que a empresa "B" sofreu a repercussão econômica dessa incidência, esta ingressa em juízo pleiteando a restituição do valor do imposto recolhido a maior. Assim, pergunta-se:

1) A empresa B tem interesse de agir nessa ação? Por quê?
2) A técnica de arrecadação definida como substituição progressiva comporta a restituição de tributo quando o fato gerador ocorreu, porém a base de cálculo do tributo foi inferior àquela inicialmente estimada? Justifique.

Responsabilidade tributária (cap. 5)

Caso 1

A empresa X, fabricante de automóveis, vendeu para a empresa Y, concessionária de automóveis, um veículo por R$ 40.000,00. A empresa Y revendeu tal veículo por R$ 44.000,00 a um consumidor final. Considerando-se que a operação está submetida ao regime de substituição tributária para frente, em que a lei determina como base de cálculo presumida o montante de 115% do valor da primeira operação, e que a alíquota incidente nas operações é de 20%, responda:

1) Quem é o sujeito passivo indicado para pagar o tributo na operação e qual o valor que será pago?
2) Existe direito a restituição ou compensação no presente caso? Caso exista, quem será o legitimado ativo?

Caso 2

Uma sociedade limitada, tendo como sócios administradores A e B e sócios cotistas C e D, deixa de pagar ICMS relativo ao mês de outubro de 2001, por entender indevido tal ICMS sobre determinada operação. Tomando conhecimento do fato, a Fazenda estadual lavrou, em 2002, auto de infração, que foi contestado administrativamente, tendo se encerrado o processo administrativo em agosto de 2003. Em setembro de 2003, B é substituído na gerência por C, sendo determinada, no mesmo mês, pelos gerentes A e C, uma vultosa distribuição de lucros a todos os sócios. O crédito tributário relativo ao auto de infração vem a ser inscrito em dívida ativa em janeiro de 2004 com o ajuizamento da execução fiscal em maio do mesmo ano. Em junho de 2004, A e C saem da sociedade e são substituídos na gerência por D, que recebe a citação em execução fiscal em agosto do mesmo ano. Em virtude da existência de múltiplas dívidas contra a empresa, D decide encerrar as atividades da empresa, fechando as portas sem proceder às baixas devidas.

Após a diligência de penhora negativa, a Fazenda pretende incluir todos os sócios remanescentes no polo passivo da execução fiscal, sob o argumento de que o art. 134, VII, do CTN lhe permite tal conduta. Qual ou quais sócios podem responder pelo débito em aberto de ICMS da empresa?

Lançamento (cap. 6)

Caso 1

Em dezembro de 2011, uma sociedade brasileira foi cientificada de um auto de infração, lavrado pela Secretaria da Receita Federal do Brasil, por meio do qual lhe foram cobradas contribuições previdenciárias patronais incidentes sobre sua folha de salários durante o ano-calendário de 2007.

Além do montante principal do tributo, também foi cobrada multa de ofício, no valor de 75% do principal, de acordo com o art. 35-A da Lei nº 8.212/1991, incluído pela Lei nº 11.941/2009.

Mencione-se que, à época dos fatos geradores, estava vigente o art. 35 da Lei nº 8.212/1991 (revogado pela Lei nº

11.941/2009), o qual cominava multa variável que atingia o patamar máximo de 50% enquanto o débito não fosse inscrito em dívida ativa.

Dessa forma, analise a situação e responda se há possibilidade de questionamento do referido auto de infração.

Caso 2

Uma sociedade empresária brasileira contraiu empréstimo, em 2000, com sociedade situada no exterior, tendo sido pactuado que os juros sobre o principal, anualmente devidos, seriam pagos até o dia 31 de dezembro de cada ano, por cinco anos, até o final do contrato, quando seria devolvido o montante principal.

Em meados de 2002, ou seja, após o vencimento dos juros devidos em 31/12/2000 e 31/12/2001 – que não foram pagos –, a sociedade situada no exterior concede o perdão dos juros vencidos, sendo-lhe devolvido, pela sociedade brasileira, apenas o montante principal do empréstimo. Paralelamente, a sociedade brasileira ajuíza ação declaratória objetivando o reconhecimento da inexistência de relação jurídico-tributária entre ela e a União no que se refere ao IRRF eventualmente incidente sobre os juros que seriam creditados à sociedade situada no exterior (art. 685, RIR/1999), realizando o depósito judicial integral do valor discutido.

Em 2009, a Secretaria da Receita Federal do Brasil lavra auto de infração objetivando prevenir a decadência (art. 63 da Lei nº 9.430/1996) do direito de lançar o crédito de IRRF que entende devido – em razão da ocorrência da disponibilização jurídica dos juros, ainda que tenham sido posteriormente perdoados –, o qual é impugnado pela sociedade brasileira, alegando apenas a decadência.

Desconsiderando o mérito da questão (incidência ou não do IRRF sobre juros vencidos e posteriormente perdoados por credor externo) e tendo em vista que (1) há depósito judicial integral do tributo questionado e que (2) houve a decadência do direito de a Fazenda Pública lançar o crédito que entende devido, responda se há possibilidade de a União cobrar o referido tributo sem tê-lo lançado regularmente. E, caso o depósito judicial tivesse sido realizado em valor inferior ao correto, seria possível a União cobrar a diferença? Como?

Conclusão

O bom manejo do direito tributário é uma arte que não apenas perpassa o conhecer das normas próprias da tributação em si, mas também toca um profundo conhecimento dos ditames de outros ramos do direito, como direito constitucional, civil, administrativo, ambiental e penal, assim como de outras áreas da ciência, como é o caso da economia e da contabilidade.

Tais interseções tornam o pleno conhecimento do direito tributário uma arte recheada de muito estudo e decorrente de um longo caminhar. Assim, este livro busca servir de auxílio na longa, árdua e prazerosa jornada que é a busca pelo conhecimento.

Como uma pedra de roseta, nosso trabalho irá guiá-lo pelo direito tributário a partir de seus fundamentos e predisposições constitucionais, passando pelo importantíssimo Código Tributário Nacional (CTN) e finalizando com os ditames infraconstitucionais (todos normas de incrível peso no sistema jurídico), sempre recordando a prática e a jurisprudência aplicada a cada caso, fazendo com que a leitura seja a mais vívida possível.

Antes de encerrar, porém, citaremos uma clássica frase pronunciada em 1819 pelo juiz da Suprema Corte norte-americana

John Marshall: "*The power to tax involves the power to destroy*". Ressaltamos apenas que tal destruição só será possível se inexistirem fortes espíritos dispostos a lutar contra as injustiças. Portanto, o poder de tributar apenas envolverá destruição se dele afastarmos a Constituição, local onde está o verdadeiro porto seguro de nosso atual estágio jurídico.

Referências

AMARO, Luciano. *Direito tributário brasileiro*. 9. ed. São Paulo: Saraiva, 2003.

_____. *Direito tributário brasileiro*. 12. ed. rev. e atual. São Paulo: Saraiva, 2006.

_____. *Direito tributário brasileiro*. 13. ed. São Paulo: Saraiva, 2007.

_____. *Direito tributário brasileiro*. 16. ed. São Paulo: Saraiva, 2010.

ASCENSÃO, José de Oliveira. *O direito*: introdução e teoria geral – uma perspectiva luso-brasileira. 2. ed. bras. Rio de Janeiro: Renovar, 2001.

ATALIBA, Geraldo. *Hipótese de incidência tributária*. 6. ed. São Paulo: Malheiros, 2003.

BALEEIRO, Aliomar. *Direito tributário brasileiro*. 11. ed. atual. Misabel Abreu Machado Derzi. Rio de Janeiro: Forense, 2003.

BECKER, Alfredo Augusto. *Teoria geral do direito tributário*. 2. ed. São Paulo: Saraiva, 1972.

_____. *Teoria geral do direito tributário*. 4. ed. São Paulo: Noeses, 2007.

BERLIRI, Antonio. *Principi di diritto tributario*. Milão: Dott A. Giuffré, 1952. v. I.

BORGES, José Souto Maior. *Tratado de direito tributário brasileiro*. Rio de Janeiro: Forense, 1981. v. IV: Lançamento tributário.

CANARIS, Claus-Wilhelm. *Pensamento sistemático e conceito de sistema na ciência do direito*. 2. ed. Lisboa: Fundação Calouste Gulbenkian, 1996.

CARNEIRO, Cláudio. *Curso de direito tributário e financeiro*. 4. ed. São Paulo: Saraiva, 2013.

CARVALHO, Paulo de Barros. *Curso de direito tributário*. 6. ed. São Paulo: Saraiva, 1993.

_____. *Curso de direito tributário*. 15. ed. São Paulo: Saraiva, 2003.

CARVALHO FILHO, José dos Santos. *Manual de direito administrativo*. 22. ed. Rio de Janeiro: Lumen Juris, 2009.

COÊLHO, Sacha Calmon Navarro. *Curso de direito tributário brasileiro*: comentários à Constituição e ao Código Tributário Nacional, artigo por artigo. Rio de Janeiro: Forense, 2001.

_____. *Curso de direito tributário brasileiro*. Rio de Janeiro: Forense, 2006.

_____. *Curso de direito tributário brasileiro*. 11. ed. rev. e atual. Rio de Janeiro: Forense. 2011.

COSTA, Regina Helena. *Curso de direito tributário*. São Paulo: Saraiva, 2009.

DERZI, Misabel Abreu Machado. Notas de atualização ao art. 139. In: BALEEIRO, Aliomar. *Direito tributário brasileiro*. 11. ed. atual. Misabel Abreu Machado Derzi. Rio de Janeiro: Forense, 2003a. p. 772.

_____. Notas de atualização ao art. 142. In: BALEEIRO, Aliomar. *Direito tributário brasileiro*. 11. ed. atual. Misabel Abreu Machado Derzi. Rio de Janeiro: Forense, 2003b. p. 786.

_____. Notas de atualização ao art. 143. In: BALEEIRO, Aliomar. *Direito tributário brasileiro*. 11. ed. atual. Misabel Abreu Machado Derzi. Rio de Janeiro: Forense, 2003c. p. 792.

____. Notas de atualização ao art. 144. In: BALEEIRO, Aliomar. *Direito tributário brasileiro*. 11. ed. atual. Misabel Abreu Machado Derzi. Rio de Janeiro: Forense, 2003d. p. 795.

____. Notas de atualização ao art. 147. In: BALEEIRO, Aliomar. *Direito tributário brasileiro*. 11. ed. atual. Misabel Abreu Machado Derzi. Rio de Janeiro: Forense, 2003e. p. 817.

____. Notas de atualização ao art. 149. In: BALEEIRO, Aliomar. *Direito tributário brasileiro*. 11. ed. atual. Misabel Abreu Machado Derzi. Rio de Janeiro: Forense, 2003f. p. 825-826.

____. Notas de atualização ao art. 148. In: BALEEIRO, Aliomar. *Direito tributário brasileiro*. 11. ed. atual. Misabel Abreu Machado Derzi. Rio de Janeiro: Forense, 2003g. p. 819.

____. Notas de atualização ao art. 150. In: BALEEIRO, Aliomar. *Direito tributário brasileiro*. 11. ed. atual. Misabel Abreu Machado Derzi. Rio de Janeiro: Forense, 2003h. p. 833.

DE SANTI, Eurico Marcos Diniz. *Lançamento tributário*. São Paulo: Max Limonad, 1996.

DÓRIA, Antônio Roberto Sampaio. *Direito constitucional tributário e due process of law*. Rio de Janeiro: Forense, 1986.

ENGISCH, Karl. *Introdução ao pensamento jurídico*. 7. ed. Trad. João Baptista Machado. Lisboa: Fundação Calouste Gulbenkian, 1996.

FALCÃO, Amilcar de Araújo. *Fato gerador da obrigação tributária*. 6. ed. rev. e atual. prof. Flávio Bauer Novelli. Rio de Janeiro: Forense, 2002.

FERRARA, Francesco. *Interpretação e aplicação das leis*. 4. ed. Coimbra: Armênio Amado, 1987.

GADAMER, Hans-Georg. *Verdade e método*: traços fundamentais de uma hermenêutica filosófica. 3. ed. Petrópolis: Vozes, 1999.

GOMES, Marcus Lívio; ANTONELLI, Leonardo Pietro (Coord.). *Curso de direito tributário brasileiro*. 3. ed. São Paulo: Quartier Latin, 2010. v. 1.

GRECO, Marco Aurélio. *Substituição tributária*: ICMS, IPI, PIS, Cofins. São Paulo: IOB, 1997.

LARENZ, Karl. *Metodologia da ciência do direito*. 3. ed. Trad. José Lamego. Lisboa: Fundação Calouste Gulbenkian, 1997.

MACHADO, Hugo de Brito. *Curso de direito tributário*. 26. ed. São Paulo: Malheiros, 2005.

_____. *Comentários ao Código Tributário Nacional*. 2. ed. São Paulo: Atlas, 2008. v. II.

_____. *Curso de direito tributário*. 30. ed. rev., atual. e ampl. São Paulo: Malheiros, 2009.

_____. *Curso de direito tributário*. 32. ed. São Paulo: Malheiros, 2011.

MAIA, Mary Elbe Gomes Queiroz. *Do lançamento tributário*: execução e controle. São Paulo: Dialética, 1999.

MAXIMILIANO, Carlos. *Hermenêutica e aplicação do direito*. 11. ed. Rio de Janeiro: Forense, 1991.

MORAES, Bernardo Ribeiro de. *Compêndio de direito tributário*. 2. ed. Rio de Janeiro: Forense, 1994. v. II.

_____. *Compêndio de direito tributário*. 3. ed. Rio de Janeiro: Forense, 1995. v. II.

OLIVEIRA, José Jayme de Macedo. *Código Tributário Nacional*: comentários, doutrina, jurisprudência. Rio de Janeiro: Saraiva, 1998.

PAULSEN, Leandro. *Direito tributário*: Constituição e Código Tributário à luz da doutrina e da jurisprudência. 12. ed. Porto Alegre: Livraria do Advogado, 2010.

PEREIRA, Caio Mário da Silva. *Introdução ao direito civil*: teoria geral de direito civil. 24. ed. Rio de Janeiro: Forense, 2011. v. 1.

PEREZ DE AYALA, Jose Luis. *Derecho tributario I*. Madri: Editorial de Derecho Financiero, 1968.

PIRES, Adilson Rodrigues. *Manual de direito tributário*. 9. ed. Rio de Janeiro: Forense, 1997.

ROSA JR., Luiz Emygdio F. da. *Manual de direito tributário*. 18. ed. rev. e atual. Rio de Janeiro: Renovar, 2005.

_____. *Manual de direito financeiro e tributário*. 20. ed. Rio de Janeiro: Renovar, 2007.

_____. *Manual de direito financeiro e direito tributário*. 21. ed. rev. e atual. Rio de Janeiro: Renovar, 2009a.

_____. *Manual de direito tributário*. 26. ed. Rio de Janeiro: Renovar, 2009b.

ROSENVALD, Nelson. *Direito das obrigações*. 3. ed. Rio de Janeiro: Impetus, 2004.

SCHOUERI, Luís Eduardo. *Direito tributário*. São Paulo: Saraiva, 2011.

SOUZA, Rubens Gomes de. *Compêndio de legislação tributária*. São Paulo: Resenha Tributária, 1982.

TORRES, Ricardo Lobo. *Normas de interpretação e integração do direito tributário*. 3. ed. rev. e atual. Rio de Janeiro: Renovar, 2000.

_____. *Curso de direito financeiro e tributário*. Rio de Janeiro: Renovar, 2003.

_____. *Curso de direito financeiro e tributário*. 11. ed. atual. Rio de Janeiro: Renovar, 2004.

_____. *Curso de direito financeiro e tributário*. 15. ed. Rio de Janeiro: Renovar, 2008.

VASCONCELOS, Arnaldo. *Teoria da norma jurídica*. 4. ed. São Paulo: Malheiros, 1993.

VICENTE, Petrúcio Malafaia. Crédito tributário. In: GOMES, Marcus Lívio; ANTONELLI, Leonardo Pietro (Coord.). *Curso de direito tributário brasileiro*. 3. ed. São Paulo: Quartier Latin, 2010. v. 1.

XAVIER, Alberto. *Do lançamento*: teoria geral do ato, do procedimento e do processo tributário. 2. ed. reform. e atual. Rio de Janeiro: Forense, 1998.

Organizadores

Na contínua busca pelo aperfeiçoamento de nossos programas, o Programa de Educação Continuada da FGV DIREITO RIO adotou o modelo de sucesso atualmente utilizado nos demais cursos de pós-graduação da Fundação Getulio Vargas, no qual o material didático é entregue ao aluno em formato de pequenos manuais. O referido modelo oferece ao aluno um material didático padronizado, de fácil manuseio e graficamente apropriado, contendo a compilação dos temas que serão abordados em sala de aula durante a realização da disciplina.

A organização dos materiais didáticos da FGV DIREITO RIO tem por finalidade oferecer o conteúdo de preparação prévia de nossos alunos para um melhor aproveitamento das aulas, tornando-as mais práticas e participativas.

Joaquim Falcão – diretor da FGV DIREITO RIO

Doutor em educação pela Université de Génève. *Master of laws* (LL.M) pela Harvard University. Bacharel em direito pela Pontifícia Universidade Católica do Rio de Janeiro (PUC-Rio).

Diretor da Escola de Direito do Rio de Janeiro da Fundação Getulio Vargas (FGV DIREITO RIO).

Sérgio Guerra – vice-diretor de ensino, pesquisa e pós-graduação da FGV DIREITO RIO

Pós-doutor em administração pública pela Ebape/FGV. Doutor e mestre em direito. *Visiting researcher* na Yale Law School (2014). Coordenador do curso International Business Law – University of California (Irvine). Editor da *Revista de Direito Administrativo* (RDA). Consultor jurídico da OAB/RJ (Comissão de Direito Administrativo). Professor titular de direito administrativo, coordenador do mestrado em direito da regulação e vice-diretor de ensino, pesquisa e pós-graduação da FGV DIREITO RIO.

Rafael Alves de Almeida – coordenador da pós-graduação *lato sensu* da FGV DIREITO RIO

Doutor em políticas públicas, estratégias e desenvolvimento pelo Instituto de Economia da Universidade Federal do Rio de Janeiro (UFRJ). *Master of Laws* (LL.M) em *international business law* pela London School of Economics and Political Science (LSE). Mestre em regulação e concorrência pela Universidade Candido Mendes (Ucam). Formado pela Escola de Magistratura do Estado do Rio de Janeiro (Emerj). Bacharel em direito pela UFRJ e em economia pela Ucam.

Colaboradores

Os cursos de pós-graduação da FGV DIREITO RIO foram realizados graças a um conjunto de pessoas que se empenhou para que ele fosse um sucesso. Nesse conjunto bastante heterogêneo, não poderíamos deixar de mencionar a contribuição especial de nossos professores e assistentes de pesquisa em compartilhar seu conhecimento sobre questões relevantes ao direito. A FGV DIREITO RIO conta com um corpo de professores altamente qualificado que acompanha os trabalhos produzidos pelos assistentes de pesquisa envolvidos em meios acadêmicos diversos, parceria que resulta em uma base didática coerente com os programas apresentados.

Nosso especial agradecimento aos colaboradores da FGV DIREITO RIO que participaram deste projeto:

Andrea Veloso Correia

Bacharel em direito pela Universidade do Estado do Rio de Janeiro (Uerj). Procuradora do município do Rio de Janeiro. Professora de direito tributário e uma das coordenadoras da pós-graduação em direito tributário da FGV DIREITO RIO. Professora de direito tributário na Escola da Magistratura do Estado do Rio de Janeiro (Emerj).

Cláudio Carneiro

Doutor e mestre em direito tributário. Professor da FGV DIREITO RIO. Advogado e sócio de Carneiro & Oliveira Advogados. Membro da Comissão de Direito Tributário e Financeiro do Instituto dos Advogados do Brasil. Membro da Comissão de Direito Tributário da Escola da Magistratura do Estado do Rio de Janeiro (Emerj). Membro da Comissão de Assuntos Tributários da Ordem dos Advogados do Brasil (OAB/RJ).

Daniel Lins Lobo

Pós-graduado em direito público e pós-graduando em direito tributário. Advogado colaborador do Portal Coad. Assistente de pesquisa do material didático dos cursos de pós-graduação da FGV DIREITO RIO.

Diego Fernandes Ximenes

Mestrando em direito pela Universidade do Estado do Rio de Janeiro (Uerj) na linha "finanças públicas, tributação e desenvolvimento". Atua como assistente de ensino e de pesquisa nos cursos de pós-graduação da FGV DIREITO RIO. Bacharel em direito pela Faculdade Ideal (Faci), de Belém (PA). Advogado. Assessor jurídico da Secretaria de Estado de Fazenda do Rio de Janeiro.

Doris Canen

LL.M em tributação internacional pela Kings College London. Pós-graduada em direito tributário pela FGV. Consultora sênior em tributação internacional na EY – correspondente do Brasil na IBFD (Amsterdã).

Eduardo Macari Telles

Mestre em direito tributário pela Universidade Candido Mendes (Ucam). Procurador do Estado do Rio de Janeiro. Advogado no Rio de Janeiro, sócio de Tauil & Chequer Advogados, associado a Mayer Brown LLP. Coordenador e professor de direito tributário em cursos de pós-graduação da FGV. Professor de direito tributário em cursos de pós-graduação da Pontifícia Universidade Católica do Rio de Janeiro (PUC-Rio), da Ucam, da Universidade Federal Fluminense (UFF), da Escola da Magistratura do Estado do Rio de Janeiro (Emerj) e do Instituto Brasileiro de Mercado de Capitais (Ibmec).

Eliana Pulcinelli

Mestre em direito público e doutoranda em direito pela Universidade Estácio de Sá (Unesa). Pós-graduada em direito administrativo. Professora de direito tributário (FGV Law Program).

Fernanda Pereira da Rosa

Pós-graduada em direito empresarial pela FGV. Graduada em direito pela Pontifícia Universidade Católica do Rio de Janeiro (PUC-Rio). Atua como assistente de pesquisa nos cursos de pós-graduação da FGV DIREITO RIO. Advogada especializada em direito empresarial com ênfase em direito tributário.

Lycia Braz Moreira

Mestre em direito tributário pela Universidade Candido Mendes (Ucam). Especialista em direito tributário pelo Instituto Brasileiro de Estudos Tributários (Ibet). Bacharel em direito pela Universidade do Estado do Rio de Janeiro (Uerj). Coordenadora do Curso de Pós-Graduação em Direito Tributário e do Curso de Extensão em Direito Processual Tributário da Ucam. Professora dos cursos de pós-graduação em direito tributário da FGV, da Pontifícia Universidade Católica do Rio de Janeiro (PUC-Rio) e da Universidade Federal Fluminense (UFF). Professora licenciada de direito financeiro e tributário da Ucam.

Marcelo Ludolf

Pós-graduado em direito tributário pelo Instituto Brasileiro de Estudos Tributários (Ibet). Graduado em direito pela Pontifícia Universidade Católica do Rio de Janeiro (PUC-Rio). Tem curso de extensão em direito processual tributário pela Universidade Candido Mendes (Ucam). É membro da Ordem dos Advogados do Brasil (OAB/RJ), da Associação Brasileira de Direito Financeiro (ABDF) e do Grupo de Debates Tributários do Rio de Janeiro (GDT-Rio). Assistente de pesquisa nos cursos de pós-graduação da FGV DIREITO RIO. Advogado e associado de Basilio Advogados.

Maurício Andreiuolo

Formado pela Universidade do Estado do Rio de Janeiro (Uerj), na qual obteve o título de mestre em direito público. Procurador regional da República.

Maurício Faro

Mestre em direito pela Universidade Gama Filho (UGF). Bacharel em direito pela Universidade do Estado do Rio de Janeiro (Uerj). Especialista em direito tributário pelo Instituto Brasileiro de Estudos Tributários (Ibet) e sócio de Barbosa Mussnich e Aragão. Conselheiro titular do Conselho Administrativo de Recursos Fiscais (Carf) e presidente da Comissão de Direito Tributário da Ordem dos Advogados do Brasil (OAB/RJ).

Nilson Furtado de Oliveira Filho

Mestre em direito público pela Universidade do Estado do Rio de Janeiro (Uerj). Exerceu os cargos de técnico do Tesouro Nacional (hoje denominado analista tributário da Receita Federal), procurador do Instituto Nacional do Seguro Social (INSS) e procurador da Fazenda Nacional, ocupando atualmente o cargo de procurador do Estado do Rio de Janeiro e atuando como chefe da Assessoria Jurídica da Secretaria de Fazenda do Estado do Rio de Janeiro. Atua também como advogado no estado do Rio de Janeiro.

Pedro Rique Nepomuceno

Graduado em direito pela Universidade Federal do Rio de Janeiro (UFRJ).

Raquel de Andrade Vieira Alves

Mestranda em finanças públicas, desenvolvimento e tributação pela Universidade do Estado do Rio de Janeiro (Uerj). Pós-graduada em direito financeiro e tributário pela Universidade Federal Fluminense (UFF). Graduada em direito pela Universidade Federal do Rio de Janeiro (UFRJ).

Renata da Silva França

Pós-graduanda em estudos literários pela Universidade do Estado do Rio de Janeiro (Uerj). Graduada em letras, com habilitação em português e literatura de língua portuguesa. Atua como revisora do material didático dos cursos de extensão e especialização da FGV DIREITO RIO.

Renata da Silveira Bilhim

Mestre em direito público pela Universidade Estácio de Sá (Unesa). Especialista em comércio internacional e desenvolvimento pelo Instituto de Pós-Graduação de Estudos Internacionais e Desenvolvimento de Genebra. Especialista em direito tributário pelo Instituto Brasileiro de Estudos Tributários (Ibet). Pós-graduada em direito público e privado, com ênfase em direito tributário, pela Escola da Magistratura do Estado do Rio de Janeiro (Emerj), especialista em direito processual tributário pela Universidade Candido Mendes (Ucam). Graduada em direito pela Pontifícia Universidade Católica do Rio de Janeiro (PUC-Rio). Advogada, professora dos cursos de pós-graduação da FGV, da Emerj, da PUC-Rio, da Universidade Federal Fluminense (UFF), do Ibet e de outras instituições.

Ricardo Lodi Ribeiro

Doutor e mestre em direito tributário. Coordenador do Programa de Pós-Graduação em Direito da Universidade do Estado do Rio de Janeiro (Uerj), na qual é professor adjunto de direito financeiro. Presidente da Sociedade Brasileira de Direito Tributário. Advogado.

Tatiana Biar

LL.M em direito corporativo pelo Instituto Brasileiro de Mercado de Capitais (Ibmec). Pós-graduada em direito. Tem curso de especialização em direito tributário internacional pela Universidade Federal Fluminense (UFF) e especialização em direito tributário pela FGV. Graduada em direito pela Universidade Estácio de Sá (Unesa).

Tatiana Freu

Pós-graduada em direito tributário pela FGV, onde atua como assistente de pesquisa. Graduada em direito pela Universidade Federal do Rio de Janeiro (UFRJ).

Thaíssa Affonso Valle

Mestranda em direito tributário pela Universidade do Estado do Rio de Janeiro (Uerj). Pós-graduada em direito tributário pela FGV, onde se graduou em direito. Pesquisadora do projeto Custo Unitário do Processo de Execução Fiscal da União, do Instituto de Pesquisa Econômica Aplicada (Ipea) e do Conselho Nacional de Justiça (CNJ) em 2010. Assistente de ensino e de pesquisa dos cursos de pós-graduação da FGV DIREITO RIO. Advogada do setor contencioso tributário.

Impressão e acabamento: